教員 × 弁護士

対話で解決

いじめ
から
子どもを
守る

鬼澤 秀昌
篠原 一生

エイデル研究所

はじめに

　この本は，実際に起きた事例を基に，教員の方々に子どもの指導のあり方について検討いただくとともに，弁護士にも教育現場におけるあり方について理解を深めていただくこと，そして，教員の意見も踏まえて，判決の妥当性についても検証することを目指しています。

　この本では教員と弁護士が対話をしていますが，この対話のモデルとなっているのは，私が2014年から主催している，「教育判例勉強会」という私的な勉強会です。司法修習の際に，指導担当だった弁護士から，「一番良い勉強は裁判例を読むことだよ」と言われ，初めて，教育関係の裁判例を色々読みました。

　教育関係の裁判例は，かなり長いものも多く，事案も深刻なものが多いので，なかなか裁判例を読むことについて気乗りしませんでしたが，そのアドバイスを受けて一度読んでみたら，あまりのリアルさに衝撃を受けました。また，それと同時に，教員であれば通常どのような対応をするのかについても疑問が湧きました。

　そこで，一緒にNPOで活動をしていた元教員の峰松愛子さんや，教育分野に興味のあった同期（当時は司法修習生です。このうちの一人が共著者の篠原一生弁護士です）にも声をかけ，教員と弁護士で，裁判例を読んで検討する勉強会を開催したのが「教育判例勉強会」です。教育判例勉強会は，既に20回以上開催されており，その成果については，「教育

判例勉強会の実践報告―教員と弁護士の学び合いの場を創出する」(『スクール・コンプライアンス研究』第7号)という論文にまとめています。

　自分自身，この勉強会を通じて教育現場における考え方を学ぶことができ，また，実際教員の方々にとっても，具体的に事例を学ぶ良い機会になることを確信するようになりました。また，スクールロイヤーの制度も広がりを見せていますが，弁護士が教員の方々に有益なアドバイスをするためにも，弁護士が教員から学ぶことは不可欠です。

　そこで，この仕組みを多くの方々と共有できれば，教員及び弁護士にとってとても有益ではないかと思い，エイデル研究所の編集者の大園早紀さんともご相談させていただき，本書を出版させていただく運びとなりました。

　最近は，教員の方々もますます適切な対応が求められます。ぜひ，本書を通じて，裁判例や第三者委員会の報告書の活用の方法を学んでいただくことで，教員同士，そして弁護士と教員等の連携がより深まる（そして，より良い教育を提供できる）きっかけにしていただければ，執筆者としてはこれ以上の喜びはありません。

執筆者を代表して　弁護士　鬼澤 秀昌

本書の特徴

　本書の特徴は，①実際の第三者委員会の報告書や裁判例を題材に，教員と弁護士が対話をしてその理解を深めていく形式であること，また，②報告書又は判決において認定された具体的な経緯（事実）を掲載していること，③教員の立場において悩ましいと思われる部分を議論のポイント（論点）として掲載していることです。

特徴1：教員と弁護士が対話している形式であること

　教育・学校関係の裁判例を紹介した書籍は現在多く出版されていますが，判決等を題材として，教員と弁護士が学び合う，という構成の書籍はほとんどありません。

　教員と弁護士が，具体的な事例を通じて一緒に議論をしていくことで，自分を当該事件の状況に置き，状況を把握することができます。

特徴2：報告書又は判決において認定された具体的な経緯（事実）を掲載していること

　裁判例を紹介する多くの書籍では，事案の内容は，ある程度省略をして掲載しています。しかし，具体的な事実が省略されてしまうと，当該事案を読んだ際に，具体的な対応の検討ができなくなってしまいます。

　そのため本書では，教員の方々が具体的な状況をイメージできるように，可能な限り，裁判例及び第三者委員会の報告書において認定された事実をそのまま掲載しました。その結果，事案の文章全体は長くなっていますが，当時の状況を具体的にイメージすることができると思います。

特徴3：教員の立場において悩ましい部分を議論のポイント（論点）として掲載していること

　本書の事例を検討するにあたっては，時系列に沿って事実を検討し，その時点では何をすべきだったか，あるべき指導について議論するのみならず，その時点で教員はどのような悩みを持っていた可能性があるか（な

ぜそのような「あるべき指導」ができなかったか）という点も議論することが重要です。

　そこで本書では，事案の中において，特に議論が深めやすいポイントを具体的に提示することで，裁判例や第三者委員会の報告書を活用した議論にあまり慣れていない教員及び弁護士であっても，議論しやすいように工夫しました。

●裁判例等を題材として

（1）教員の方々へ

　教員の方々は，なかなか普段第三者委員会の報告書や，裁判例等を読むことはないかもしれません。ニュース等で報道されたとしても，多くの教員の方々は，「大変なことが起こったんだな」「自分もしっかりしないとな」と考える程度ではないでしょうか。

　しかし，裁判例や第三者委員会の報告書には，普段の学校の中ではなかなか記録することができない詳細な事実関係が認定されています。しかも，認定されているのは，（事後的に認定されたものではありますが）実際に学校において起きた事実です。そのため，具体的にその内容を検討することで，多くのことを学ぶことができます。

（2）弁護士の方々へ

　他方，弁護士は，裁判例を読むことができても，教育分野の専門性はないため，安全配慮義務違反（違法）に至らない範囲の中で，どのような指導が適切なのか把握することができません。弁護士の視点からすると違法と判断された部分に目がいってしまいますが，教員の方と具体的な事例において教員がどのような対応をすべきかについて意見を共有することで，弁護士としても普段の学校生活における対応を知ることができます。

　また，現場の教員の方々の声を聴くことにより，裁判所の判断の妥当性も検証することができるとともに，実際の案件においても具体的に学校がすべきことを指摘できるようになるものと考えられます。

（3）よくある懸念点と本書の対応

　なお，第三者委員会の報告書や裁判例を題材とすることについては，次のような質問を受けることがあります。

①極端な事例であり普段の指導には役に立たない

　確かに第三者委員会が設置された事例や裁判例は，結果の部分だけ見れば重大かもしれません。しかし，実はその重大な結果に至るまでにはどこの学校でも起きているようなトラブルが存在しているのです。重大な事件は，それが単独で起こるのではなく，あくまでも日常生活の延長で起こっています。

　その意味で，本書においても，結果にのみ着目するのではなく，その結果に至る経緯について詳細に確認をすることが非常に重要になります。

②結果論で批判されている

　裁判例や第三者委員会の報告書に基づいて「こうすべき」ということを言われると，教員の方々の中には「結果論ではないか」と感じる方もいらっしゃると思います。

　確かに，教員の方々は，将来のことは予測できない状況の中で，その時点でベストの方法を選択して指導することから，結果論の評価は役に立ちません。そこで本書では，時系列で事実関係を確認し，各時点で教員がどのような悩みを持つ可能性があるのかについて焦点を当てることで「結果論」の議論とならないようにしています。

●本書の使い方

　本書は，様々な使い方をすることができ，例えば，以下のような使い方が考えられます。

　なお，特にご注意いただきたいのは，対話の中で出てくるО弁護士，Ｓ弁護士，Ｐ教員，Ｑ教員の発言は，一つの「意見」にすぎない点です。そのような対話に出てくる意見も踏まえて，自分だったらどう考えるか，検討を深めていただければと思います。

（1）教員の方々
①通読する
　本書は，順番に読んでいただいてもご活用いただけますし，また，各章はそれぞれ独立した構成になっていますので，気になった事案を読んでいただくことも可能です。

②教員研修での活用
　教員研修において本書を活用し，特定の論点について，教員ごとにグループディスカッションをすることもできます。学校内で行うことで，若手の教員が先輩の教員から学ぶことができ，また，異なる学校の教員同士であれば，各学校の対応等も知ることができます。

（2）弁護士の方々
①通読する
　教員の方と同様に，順番に読んでいただいてもご活用いただけますし，気になった事案を読んでいただくことも可能です。
　弁護士と教員との対話を読むことで，学校関係者に対してアドバイスする際に，具体的な方法も提案できるようになるでしょう。

②教員の方々との勉強会
　もし，教員の方々と積極的に意見交換ができる機会があれば，本書を使い，具体的な事例を踏まえて，教員の方々との勉強会を開催することも考えられます。

③教員向け研修での活用
　また，弁護士の方は，教員向けに研修を行う機会もあるかと思います。実際に，教員向けの研修をしていただく際に，具体的な事例として活用することもできます。
　なお本書では，議論をしやすいように，適宜判決の文章を抜粋しています。全文を読みたい場合には，判例データベース等をご参照ください。

目 次 ━━━━━━━━━━━━━━━━━━━━━

第 1 章　奄美市中学生自死事件

第2章　桐生市小学生いじめ自死事件（前編）

第3章　桐生市小学生いじめ自死事件（後編）

第1章

奄美市中学生自死事件

第1章　奄美市中学生自死事件

事案の概要

　平成27年11月，奄美市立中学校の1年生であった生徒A（以下，調査報告書の記載に合わせて「Aさん」とします。生徒B～Fも同様とします）が自宅で自死しました。第2章の事案では，教員がいじめに十分に対応しなかったことで，いじめがエスカレートし，児童の自死に至ってしまったのに対し，本件では，逆に，学校がいじめの加害者と判断した生徒に対して指導したことが生徒の自死のきっかけと判断された事例です。本書では詳しく扱いませんが，本件では，自死したAさんに対する指導のみならず，学校内での体罰等についても認定されています。

　本件の事案において行われた行為は，いじめ防止対策推進法上の「いじめ」の定義をもってしてもいじめに該当するか否かの判断が難しい行為も含まれています。現在，法律上「いじめ」の定義が広くなっている中で，どのように他の教員と連携して事実確認をするのか，そして必ずしも「悪質」とは言えない「行為」に対してどのように対応するのか，検討が必要です。

　また，本件で特徴的なのは，今回のAさんに対して指導を行っていた

平成27年11月奄美市立中学校生徒の死亡事案に関する第三者調査委員会「調査報告書」
(平成30年12月9日)
※文中では単に「調査報告書」といいます。

X教諭について，教員たちの中で肯定的な意見があることです。例えば，調査報告書の中でも学級通信等を熱心に作成していること等をもって，「X教諭は，とても教育熱心，一生懸命で，生徒思いの教員である」との評価があった指摘もされています（調査報告書85頁）。なぜ，教諭の熱心な指導が，Aさんを自死まで追い込むことになったのかが，非常に重要なポイントです。

また，重要なのは，本件で学校に落ち度があるか否かを確認することではありません。本件の教訓を今後の教育活動に活かすために，より良い指導のあり方を検討することが重要です。

本事案が発生した中学校は，奄美大島の中心地である旧名瀬市に所在する公立中学校です。小学校と中学校での情報共有や連携も行われており，地域のつながりも強く，生徒間や保護者間のつながりは比較的密な関係にある地域でした。本事案発生当時，1学年は2クラス，2学年と3学年は3クラスあり，Aさんが在籍していた1学年においては，1年1組が37名，1年2組が37名，合計74名の生徒が在籍していました。本事案の時系列及び人物関係図は次のページの通りです。

ひと目で分かる人物関係図

【時系列】
1 平成27年9月15日，Bさんが授業中に泣いてしまい，支援員がBさんを保健室に連れていって養護教諭に委ねた（p.20）
2 同日の放課後，X教諭が，Aさんらに，Bさんへの謝罪をさせた（p.21）
3.4 X教諭は，2の指導の後，Aさんらに反省文を書かせた（p.21）
5 9月18日に体育館に1年部の生徒だけを残して指導（p.22）
6 9月18日，25日に学級通信を発行（p.23）
7 11月2日，Bさんが再び学校欠席（p.25）
8 給食を持っていき，Bさんをサッカーに誘う（p.29）
9.10 11月4日に5人一斉指導（p.29）
11.12 X教諭によるAさんへの家庭訪問（p.33）

4 「俺，死のうかい」と相談している

Dさん Eさん Fさん

Cさん

8 別教室にいるBさんに給食を持っていき，サッカーに誘う

Bさん

1 周囲から嫌がらせを受けたと訴えた

7 嫌がらせを受けていることを理由に学校を欠席

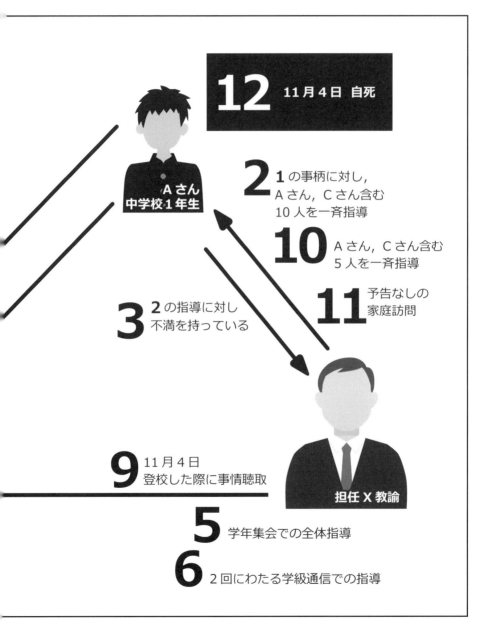

12 11月4日 自死

2 1の事柄に対し，
A さん，C さん含む
10 人を一斉指導

10 A さん，C さん含む
5 人を一斉指導

11 予告なしの
家庭訪問

A さん
中学校 1 年生

3 2の指導に対し
不満を持っている

9 11月4日
登校した際に事情聴取

担任 X 教諭

5 学年集会での全体指導

6 2回にわたる学級通信での指導

本事案に関する事実関係

※以下に記載の事実関係は，平成27年11月奄美市立中学校生徒の死亡
　事案に関する第三者調査委員会「調査報告書」（平成30年12月9日）
　において認定された事実に基づき記載しています。

1 Aさんについて

（1）Aさんの家族関係

　本事案当時，Aさんは，中学1年生（13歳）であり，母方実家にて，
両親，母方祖父母，曾祖母，弟とともに生活していた。父親（会社員）
は県内の離島に単身赴任中であったが，月1〜2回，1回の帰省につき
3〜5日間程度は帰省し，Aさんら家族と過ごしていた。Aさんも春休み，
夏休み等の長期休暇には泊りがけで父親の下に遊びに行き，父親ととも
に過ごしていた。Aさんは，釣りとサッカーが好きで，休日は，父親や
弟，友人と一緒に釣りに行ったり，サッカーチームの練習に参加する等
していた。父親もサッカーの経験があり，サッカーチームの練習の補助
をする等して関わっていた。母親は，稼働しており，学校行事には祖母
が出席することもあったが，一緒に朝食を摂ったり，サッカー部の仲間
たちとの食事会をする等，Aさんとの関係は良好であった。また，Aさ
んは，母親に，学校での出来事の他，友達関係の悩みや学校での不満
等もよく話をしていた。

（2）Aさんの中学校入学前（主に小学校時代）の様子

　Aさんは，小学校1年生から，地元のサッカーチームに所属しており，
サッカーチームの仲間を中心として友人が多くおり，友人関係は良好で
あった。小学校低学年の頃に，友人がちょっかいを出してくることを不
快に思い，学校からチラシを配布されて知った相談機関に電話相談をし

たことがあった。学校には知らせないと聞いていたのに，翌日，担任教員から相談内容について聞かれたため，「学校に言わんって言ってたのに言われた。」と不信感を表したという出来事があった。小学校6年生の頃，女子生徒からあだ名で呼ばれる等のちょっかいを掛けられることがあったが，Aさんも，女子生徒にあだ名で言い返したりしていた。また，Aさんを含む男子生徒のグループ数名と，女子生徒グループ数名のグループ同士でちょっかいを掛け合ったりしていた。Aさんは，当時，女子生徒に対する苦手意識をもっており，母親に女子に対する不満を漏らしたこともあったが，周囲の生徒は，楽しくじゃれ合っていると感じていた。性格は真面目で，何事にも一生懸命であり，教員からは責任感が強いと評価されていた。小学校5年生の頃，担任教員は，どちらかというとおとなしいという印象をもっていたが，クラスメイトは，「友達からみたみんなの良い所」というアンケートで，Aさんのことについて，「おもしろい・おもしろいことを言う」，「いつも笑っている」，「笑わせてくれる」，「いつも明るい・何事も明るくしようとする」等と回答していた。小学校6年生頃からは，教員からみても，明るく外交的な面が見られるようになった。学校の成績も良好であり，小学校6年生の時には，学級副委員長を任される等，教員にも同級生にも信頼が厚かった。

2 Aさんの中学校入学から本事案発生までの事実経過

(1) 中学校入学後の生活状況

ア　成績，学習面，生活態度

　Aさんは，平成27年4月に当該中学校に入学し，X教諭が担任を務

める1年2組に在籍した。Aさんの自宅は，当該中学校の裏門から，徒歩1分程度で着く距離にあったが，当該中学校では，生徒が裏門から登下校するのを禁止していたため，Aさんは，3分程度歩き，正門から出入りして登下校をしていた。成績も良く，毎日，宅習帳にも丁寧で細かい字でびっしりと書き，真面目に課題に取り組み，提出物等も期限どおりに確実に出していた。文章力もあり，奄美市児童生徒作文コンクールで特選をとった。学級の係として，生活委員会，途中から転校した生徒の引き継ぎで学習委員会も務めるようになり，係の仕事にも真面目に取り組んでいた。例えば，生活委員会の仕事に関して，X教諭が，「前任校の生徒が，授業の前にチョークをきれいに揃えてくれていて感心した。」というエピソードを話したところ，それ以降，Aさんも，授業の前にチョークをきれいに揃えてくれるようになったという。X教諭からの信頼も厚く，入学して約1か月後に実施された集団宿泊学習の研修終了時の挨拶担当や，他の生徒の生徒会選挙応援演説の担当や，体育大会で1500m走の選手に選ばれていた。ただし，Aさん自身は，このような役割を与えられることについて，母親や父親の前では，「何で俺が？」と不満を漏らすことがあった。生活態度は良好で，後述の9月15日と11月4日を除いて，教員から特段指導を受けたことはなかった。

イ　部活動

中学校入学後，サッカー部に入部し，キーパーを任され，周りにアドバイスを求める等しながら練習にも一生懸命に取り組んでいた。10月頃，当該中学校からキーパーとして地区のトレセン（選手の強化育成活動）の練習に参加しとても喜んでいた。

ウ　友人関係

サッカー部の生徒を中心に仲の良い友人が多くおり，休み時間も友人とサッカーをする等して過ごし，一人でいることはなかった。また，2

学期に転校してきたクラスメイトCさんとは気が合い，学校が休みの日にも一緒に釣りに行く等して仲良くしていた。友人関係での大きなトラブルはなく，毎日欠席なく学校に登校していた。

エ　性格，周囲からの評価

　教員からは，挨拶をしっかりする，真面目で責任感が強く，一生懸命な優等生，几帳面で手抜きをしない等の評価を受けていた。例えば，本委員会の調査において，教員からは，「90点でもミスしたことを反省して，自分に分析を加えて高得点を目指していた。」，「理科の実験で班長に選ばれていたが，班の実験がうまくいかなかった場合，自分のせいで失敗したと思うようなタイプであった。」，「サッカー部でチームメイトから言われたことに対してしゅんとなることもあった。」というエピソードも聞かれた。また，はにかみ屋で恥ずかしがりや，おとなしいといった印象をもった教員もいたが，授業中に，教員にあてられて，本当は答えが分かっているのに「分かりません。」と答え，後ろの生徒に答えを教えて，その生徒に答えさせ，「すげー。」と言う等，羽目を外したり，冗談を言って笑わせることもあった。生徒からも，真面目で，勉強を教えてくれる，明るく，穏やかで，周りに気遣いができる等の評価を受けていた。また，本委員会の調査において，複数の生徒より，教員の真似をして周りを笑わせたり，仲がいい友人といるとふざけたり，抜けているところもあっておもしろいという話も聞かれた。また，「我慢強くストレスが溜まりやすかったかもしれない。」，「周りよりちょっと大人びている。」と証言した生徒もいた。

（2）平成27年9月の指導

ア　9月15日の指導

　9月13日（日）は，当該中学校の体育大会であった。Aさんは1500

m走に出場した。途中で倒れて足首を怪我したが，最後まで走り切った。翌9月14日は代休のため学校は休みであった。9月15日，Ａさんが所属する1年2組は，1校時は1年1組の担任であるＹ教諭の数学の授業であった。授業中，Ｙ教諭がＢさんに質問し答えさせる場面があった。Ｂさんの答えも，それに対する周りの生徒たちの反応もおかしなことはなかった。しかし，Ｂさんの様子がいつもと違っていたため，学習支援のために教室に入っていた支援員が授業終了後にＢさんに「大丈夫よ。」と声をかけたところ，Ｂさんの目に涙が溢れた。支援員は泣いているＢさんを保健室に連れて行き，経緯を伝えた上で，養護教諭に委ねた。Ｂさんが泣きながら保健室に来室したことを聞いたＸ教諭は，Ｂさんのもとへ行き，Ｂさんに嫌なことがあったら話すように伝えた。その際の出来事として，本事案後に，Ｘ教諭が作成し，市教委に報告した記録には，以下のような記載がある。

▼

　9月15日（火）Ｂが2校時に泣きながら保健室に来室。話をきいたところ，消しカスを投げられる，「きもい，うざい」の言葉など，周囲から嫌がらせを受けていることがわかる。3校時に本人から事情を聞いたところ，以下のことが聞かれた。

・消しカスを投げる…Ａ，生徒①（Ａは「Ｂが投げてきたから……」）

・石を投げる…生徒②，生徒③

・「死ね，きもい，うざい，消えろ」などの言葉…生徒④，生徒⑤，生徒①，生徒⑥

・足をかけて倒す，ぶつかったら「何お前」と言ってくる…Ｅ

・調子のんなよ…生徒③，生徒⑦

・宅習帳を顔にぶつける…生徒⑧・無理やり腕相撲をさせる…生徒④，生徒①，Ｅ

その日の放課後に全員を集めて指導。個別にBに謝罪させる。

　生徒②，生徒③，生徒⑦は1年1組，その他の生徒は1年2組の生徒であった。上記のように，X教諭は，各行為を行ったとされる生徒10名全員を，その日の放課後に1年2組の教室に集めて，Bさんが述べた各行為を行ったかどうか確認し，指導をし，個別にBさんに謝罪をさせた。また，X教諭は，生徒らに，「◆◆◆◆」（宅習帳）に反省文を書くように指示した。指導された生徒らは，X教諭が怒っていたため，自分の言い分や行為時の状況について話を聞いてもらえなかったと感じた。

POINT-① このX教諭の事実確認の方法は適切だったでしょうか？

　指導の後，Aさんも「俺は悪くない。」，「Bからやってきたのに自分が怒られた。」という不満をCさんに述べていた。かかる指導に関して，同日，X教諭は，生徒指導主任として自らが作成を担当している「生徒指導委員会報告（9月15日）」という書類に，「B……9/15（火）2校時に泣きながら保健室に来室。話をきいたところ，消しカスを投げられる，『きもい，うざい』の言葉など，周囲から嫌がらせを受けていることが分かる。学級・個別に指導」との記載をした。

POINT-② このX教諭の情報共有の方法は適切だったでしょうか？

POINT-③ このX教諭の記録内容は十分でしょうか？

　X教諭から，Aさんを含む各生徒の保護者に対して，指導をしたという連絡はしなかったが，Aさんは帰宅後に，母親にX教諭から指導を受

けたことを伝えた。その際，Aさんが不満を述べた。そのため，母親が，「X教諭に話そうか。」と言ったところ，Aさんは，「チクリと言われるし，先生も言い訳するなっち怒られるから言わんでいい。」と答えた。そのため，母親はX教諭に連絡はしなかった。AさんはX教諭の指導に不満を持ちながらも，X教諭の指示に従い，宅習帳に「今回はとても反省しています。冗談のようにB君もやり返してくるので，いじめとはとらえていませんでした。B君に謝って，これからは，協力し合い，『絆』でつながっていきたいと思います。自分の態度，行動，言動を見つめなおし落ち着いた学校生活を送りたいと思います。」と反省の言葉を記載した。これに対してX教諭は「冗談が発展して……ということもよくあります。Bにも自分がしたことを反省するように伝えておきます！！」とコメントをした。また，指導翌日，Aさんは，音楽教室に移動する際に，一緒にいたCさんと生徒⑧に対して「俺死のうかい。」，「学校つまらん。」と述べた。3名で笑い合いながらの会話の中で出てきたAさんからの不満であったため，Cさんらは深刻なものとは受け止めず「冗談言うなよ。」と返した。

イ　9月18日の学年指導

　9月19日から同月23日までは5連休で学校が休みだった。そのため，当該中学校では，連休前の9月18日の6校時に，全生徒を体育館に集めて，連休中の生活について注意事項を説明する等の指導をした。その後，1年部の教員は，1年部の生徒だけを体育館に残して，生徒らに全体指導を行った。本事案後に，X教諭が作成し，市教委に報告した記録によれば，以下のような発言や指導が行われたと記載されている。

▼

・人の気持ちを考えない思いやりのない言動について
・「死ね，うざい，きもい」といった言葉を学校生活の中で絶対に使わ

ない・嫌がらせを受けている子どもの苦しみは，その親の苦しみにも
なるということを1年部職員で指導をする。

　この指導は，X教諭が9月15日に行った指導を受けて行われたもの
であり，名前こそ出されなかったが，Bさんの他，Aさんや指導を受け
た生徒らは，自分たちのことを言われていると認識した。さらに，X教
諭は，同日に発行した1年2組の学級通信に「残念なことです。心ない
生徒がいます。『きもい，うざい，消えろ』などの言葉。『冗談のつもり
で』といって嫌な思いをさせる行動。ある人が触れた物に触ろうとしな
かったり，ちょっとぶつかっただけで足をかけて転倒させたり……。な
ぜそういう行動をとってしまうのか？　すごく心の痛む出来事でした。
いい加減なことをして，人に嫌な思いをさせて，それが流されて，反省
もせず，自分をみつめなおすこともしなくなったら，学校は，学年は，
そして人の心は崩れていくような気がします。」「どうか人の心の痛みが
わかる人になって欲しい。叱られるのが怖いではなく，自分がやったこ
とを正直に話し反省し，その中で一人ひとりに成長してもらいたい。」
と記載した。また，X教諭は，9月25日の1年2組の学級通信にも「失
敗や過ちをせずに生きていける人はいません。大事なことはその後どう
するかです。素直に謝って反省して，次に生かせばいい。それをわかっ
てくれる人がいます。そして，わかってもらえなかったからといって開
き直ったり，腹を立てたりするのは何か違いますね……。みんなも中学
校になってからたくさんの失敗もしてきただろうし，これからもたくさ
んの失敗をしていくでしょう。大事なのはその後です。ごまかしたり逃
げ出したりするのはやめましょう。」，「連休前に相手を思いやった言動，
言葉遣いなど学年全体指導を行いました。みんなの成長に期待したいで
す。」と記載した。

（3）9月19日から11月1日までのAさんの様子

　9月20日から同月24日にかけて父親が帰省をしていた。同月23日には，父親は，Aさんと，Cさんを連れて釣りに連れて行く等した。また，同月24日，Aさんは，父親に対して，生徒会選挙に立候補するクラスメイトでサッカー部の友人の応援演説（9月25日実施予定）を頼まれたことについて，「サッカー部というだけで，俺が書くことになった。他にもサッカー部はいるのに。」と不満を述べた。父親は，「一人で考えずに，他の友達にもその子の長所を聞いてみたり，生徒会でどんな活動をしたいと考えているかを本人に聞いてみたらどうか。」とアドバイスをした。その後は，Aさんはアドバイスを聞いて嬉しそうでやる気に満ちているようだった。また，10月5日，Aさんは，父親と母親の前で，「すぐせばキレる。意味の分からないところで怒る。」，「先生の目を見るのが怖い。なんでもかんでもすぐAに言ってくる。」とX教諭に対する不満を述べた。母親が，何を言ってくるのかと問い返したところ，Aさんは，「なんでもよ！　体育大会の1500m走も走りたくないのに，先生に言われて走りまいになった。」，「係も一つ増やされたから仕事が増えた。」と答えた。母親は，「なんでもかんでもAに言ってくるって，Aならできるって期待してるんじゃないの。目を見るのが怖いって言っても，先生への挨拶はちゃんとしないといけないよ。」と述べた。10月30日は，当該中学校では文化祭が行われ，10月31日，11月1日は休日であった。Aさんは10月31日と11月1日は，サッカーの試合に出場していた。10月31日には，雨風が強い中，必死でゴールを守る等，一生懸命にプレーをしていた。11月1日の試合後には，左足の股関節が痛いと言っていたため，母親が，

翌日病院に行くように勧めたが，大丈夫と言って結局病院には行かなかった。その他，Ａさんに特段変わった様子はなかった。

（4）平成27年11月の指導
ア　Ｂさんの欠席

11月2日午前8時頃，Ｂさんの母親はＸ教諭に，Ｂさんが欠席をするという連絡をした。その後，8時20分頃，Ｘ教諭は，Ｂさんの母親に連絡をした。本事案発生後，Ｘ教諭が作成し市教委に報告した記録によれば，Ｘ教諭がＢさんの母親に欠席の理由を尋ねたところ，Ｂさんの母親は「（Ｂが）友達に嫌がらせを受けるので学校に行きたくないと言っている。」と告げた。これに対して，Ｘ教諭は，「今日は無理をせず，家でゆっくり話をしてください。」と伝えた。この日，Ｂさんは学校を欠席した。翌3日19時頃，再びＢさんの母親よりＸ教諭に電話があり，「明日は教室には入れないが，心の教室（筆者註：様々な理由で教室に入れない子どもが来室し，学習をしたり相談をしたりする場所）なら登校できる。」と伝えた。Ｘ教諭は，Ｂさん本人とも電話で話をし，「明日登校した際に詳しく事情をきかせてほしい。」と伝えた。

イ　本事案直前（11月2日，3日，4日朝）のＡさんの様子

11月2日，Ａさんは，いつもどおり登校し，家族から見て特に変わった様子はなかった。Ａさんは帰宅後，宅習帳が返却されていなかったため，コピー用紙に使い切った宅習帳の枠線を写し書きして，宿題をしていた。母親は「◆◆が返却されていないんだから，たまには休憩しろってことじゃない？　一日くらいしなくていいよ。」と言った。しかし，Ａさんは「いや，する。」と言って，いつもどおり宿題をやっていた。11月3日も休日であり，Ａさんはサッカーの試合に2試合出場し，いつもどおりで笑顔も見られて，変わった様子はなかった。この日，母親より

新しいスパイクを買ってもらい喜んでいた。11月4日, Aさんは起床後, 宿題をして朝食を食べた。朝食を食べながら, 母親と祖母と週末に出場する予定であった試合に向けて等サッカーの話をした。当日は, 部活は休みの予定だったが, 「もしかしたら今日, サッカーあるかも。」と言って, 前日に買ってもらったばかりの新品のスパイクを持って家を出た。

ウ　11月4日の指導

(ア) Bさんに対する聴き取り

11月4日午前8時20分〜25分頃, Bさんが登校し, 心の教室に来室した。心の教室には, SSW（筆者註：スクールソーシャルワーカー）が在室していた。8時50分頃, X教諭が心の教室に来室し, 保健室に連れて行き, Bさんに紙を渡し, 他の生徒からされた嫌なことを書くように告げた。

POINT-⑤- X教諭のBさんへの対応は適切だったでしょうか？

Bさんは渡された紙に, 5〜10分くらいかけて, 他の生徒からされたことを書いた。Bさんが紙に書いた内容は以下のとおりである。

▼

「歩いていたら急にDが向かってきてたたいてきたり, じゃまといいながらおしてきたりする。くびをしめたりボールでがんめんにけって当てたりまどの外を見ていたらあごをまどの下に当てたり, 小指1本でかてるわといいながら, わきばらをうったりする。Eはどうせ先生かお母さんなんかにちくるんだろうといったり, 歩いていたらろうかをとおせんぼうされたりする。Cは……とわらいながらAといったり, ……方言をいっているのかわからないけど, 悪口みたいなのをいったりする。Aに方言をおしえて, いっしょにいったりする。Fは, 話をしていて何か

しゃべったら，お前はどうでもいいといったりする。」

　このうちDさんのみは1年1組，他の生徒は1年2組に在籍していた。
　その後，X教諭がBさんに書いたことを基に聴き取りをした。聴き取った際のX教諭のメモには以下のことが書かれている。Aさんについては，行為の主体として項目は設けられておらず，Cさんの箇所に名前が挿入される形で記入がなされていた。

<D>
　10月頃・武道館の近く（外）。授業の前……脇腹たたいてきたり，「じゃま」おしてきたり・文化祭の当日，廊下で首を絞めてきたり，窓にあごを当てさせる。・昼休み……ボールを顔面に当てる。
<E>
・どうせ先生にちくるんだろ。歯ブラシしてる時，頭をこついてくる
<C>

（Aも）

……悪口
・音楽の時間，「俺のふで箱隠しただろ」「何で俺に言うの意味わからん」
<F>
・「お前はどうでもいい」と言ってくる
・文化祭の時，体育館の2階のカーテン　カーテンを開けたわけではないが，「Bあけただろ」「あけてないよ」その後階段のところで首をしめてくる（後ろから）

（イ）昼休みの指導
　X教諭は，上記各行為を行ったとされた生徒に対して指導をすること

にし，昼休みに，Dさん，Eさん，Fさんを呼び出した。そして，本事案発生翌日に，市教委がX教諭から聴き取ったところによれば，X教諭は，Dさん，Eさん，Fさんに対して「いい話ではないぞ。Bにしたことを正直に書け。うそはつかないように。」，「やられているほうは覚えているから，何とか思い出さないといけないんじゃないか。」等と話し，Dさんを武道館，Eさんを応接室，Fさんを全体職員室に連れて行き，Bさんにしたことを紙に書かせた。この時，各生徒が紙に書いた内容は以下のとおりである。なお，Dさんによれば，Dさんが紙に書いている間，X教諭が前に立っており，具体的にもっと書けとか，本当にこれだけかとか，Bがこんなことを言っている等と言ったため，書き直したとのことであった。

POINT-⑥- X教諭のDさん等への事実の確認方法は適切でしょうか？

Dさん，Eさん，Fさんが書いた内容は，以下の通りである。なお修正をした形跡がある部分は修正が分かるようにそのまま掲載する。

▼

＜D＞
指でつついたりおちょくったりからかった
指でお腹をつついたり，けんを入れたり背が小さいといってからかったり，くすぐったり首をにぎったり，*ボールを間違って当てた時に謝らず，ダサいとか言った昼休み外で遊んだ時にしました。* 10月に昼休み校庭でボールを間違って当てた時に謝らず，ダサいとか言いました。*首をしめる真似を* 首をしめました。~~たり~~
＜E＞
文化祭の時いいすぎたこと

生徒④と場所こうたいしてあげれ

＜F＞

・後ろからのしかかった。・おどろかしたりした。・10月の休み時間にお
　どろかしたり，後ろからのしかかった。話しをしているとどうでもい
　いといった。体育館の2かいでカーテンをあけて，言い争いになり，
　自分が頭をたたいてしまった。物をとってあげる時に，物を投げてわ
　たしてしまった。

　X教諭は，Dさん，Eさん，Fさんそれぞれに紙に書かせた後，3名
を武道館に集め，「放課後は謝罪の場を設けるので，クラスで宿題をし
ておくように。」と伝えた。

（ウ）給食時間と昼休みの出来事

　給食の時間，Aさんは，心の教室にいたBさんに給食を持って行った。
また，昼休み，Aさんは，他の生徒とともに，心の教室を訪れ，Bさ
んに対して「サッカーをしよう。」と誘った。BさんはAさんらととも
に校庭に行って，サッカーをした。

（エ）放課後の指導

　X教諭は，放課後，16時15分頃，Bさんを心の教室で待たせ，Dさん，
Eさん，Fさんを，宿題をさせながら教室で待たせた。そして，X教諭
は，CさんとAさんに対しても，残るように告げ，Cさんを全体職員室，
Aさんを応接室に連れて行った。本事案発生翌日に，市教委がX教諭か
ら聴き取ったところによれば，X教諭は，Dさん，Eさん，Fさんに対
してと同様の話をCさんとAさんに申し向けて紙を渡して，自分がした
ことを書かせた。Aさんは自分がBさんに何をしたのか思い出せない様
子のように見え，X教諭も「本当にAがBに対してちょっかいを出した
のだろうか？」と疑うほどであった。

Aさんは，X教諭から渡された紙に，「自慢話のとき，『だから何』と言った。話を最後まで真剣に聞けていなかった。」と書いた。その後，X教諭はAさんに，教室にいるDさんを呼んで，一緒に心の教室に来るように言って立ち去った。AさんはDさんを呼びに行って，心の教室に行った。その際に，Aさんは「なんで俺が（呼ばれるのか）。」と不満を述べていた。X教諭は，全体職員室に行き，Cさんに対して，「Bに何か言っただろう。」等と問いただした。X教諭は，Cさんに対して「言ったことを紙にかけ。」と告げて，紙と鉛筆を渡した。Cさんが書いている間，X教諭はCさんの前に座っていた。Cさんは，X教諭から渡された紙に，「……・方言・へたくそ・うんこ・バカ・クソ・マヌケ」と書いた。Cさんが紙に書いているのを見ながらX教諭はCさんに質問をしてきた。X教諭は，その際のCさんの態度が悪いと感じて，「ちゃんと聞く気あんのか。」と言って，平手でCさんの頭を叩いた。また，Cさんが，「Bから言ってきた。」と言うと，「言い訳するな。」と言われた。また，X教諭は，紙に書いた内容を見て，「いいことなのか。」と問いかけ，Cさんが「いいえ。」と答えたところ，X教諭は「嫌な気持ちになるようなことはするなよ。」と述べた。Cさんが全体職員室で指導を受けている際に，Cさんが所属する部活の顧問が通りかかった。X教諭からCさんが指導されている様子をみた部活の顧問は，Cさんに「C，試合どうする？　身長と体重教えて。」と声をかけた。X教諭は，「こんなやつ試合に出る資格ないですよ。」と言った。Cさんが指導をされている際に，校長や教頭も職員室内にいたが，X教諭やCさんに指導内容や経緯を具体的に尋ねることはなかった。なお，Cさんは，本事案発生後の教員からの聴き取りにおいて，指導を受けている時に，「先生がたくさんいて，見られているように感じた。」と証言をしている。指導が終わると，X教諭は，Cさんにしばらく待つように告げて，全体職員室か

ら立ち去った。Ｘ教諭の指示で，Ｆさんが全体職員室にＣさんを呼びに来て心の教室に行った。16時45分頃，Ｘ教諭は，心の教室の前にＤさん，Ｅさん，Ｆさん，Ｃさん，Ａさんの5名を集めて，一人ずつ入室させ，Ｂさんの面前で一人ずつＢさんに対してした行為の確認をした。Ｘ教諭は，話を聞く中で，Ｄさん，Ｅさん，Ｆさんには大きな声で叱責したこともあった。Ｆさんが「首をしめていない。グーで叩いた。」と言い分を述べると，Ｘ教諭は「どっちも信じたいけど，どっちもやっている。」，「両方信じたいけど，やられたほうが言っているのだから。」と述べた。Ｘ教諭は，Ｄさんに対しては，「どんな風にやったか。」と確認し，Ｄさんに行為を再現させ，「お前はひどい。」，「最低だな。」等と述べた。また，「前にもこんなことがあった。また1か月したらするだろう。」と述べた。Ｃさんに対しては，「Ｂもだけど，他の人にもするなよ。」と述べた。Ａさんが，心の教室に入室した際には，Ｂさんによれば，Ｂさんと目が合ったのでニコッとしたところ，Ａさんもニコッとしてきた。Ｘ教諭がＡさんに，Ｂさんが「▲▲」と言われたと言っていると伝えたところ，Ａさんは思い出したように，「あ，言ったことあります。」と答えた。

POINT-⑦- Ａさんがに対して行った行為は「いじめ」でしょうか？

　その後，Ｘ教諭は，Ｄさん，Ｅさん，Ｆさん，Ｃさん，Ａさんの5名をＢさんがいる心の教室に入室させた。そして，本事案発生後にＸ教諭が作成し，市教委に報告した資料によれば，以下の内容を話したと記録されている。

▼

・自分がされて嫌なことはしない
・ささいなことでも，一つ一つが積み重なれば心が苦しくなる。先生の

ところへ行くことは「ちくる」ことではなく「相談」である。

・Bも明日から学校に出てこようと努力するので，自分自身が頑張った
　ことを振り返り，行動を改善する努力をするように

　また，X教諭は，「悪いことは悪い。でもそれをしっかり反省してい
くことが大事。」，「これからもそういうことせんで仲良くやれ。」等と発
言した。そして，X教諭は，Dさん，Eさん，Fさん，Cさん，Aさん
に対して，「ちゃんと謝ってBがこれから学校に来やすくしなさい。」と
言い，5名それぞれにBさんに謝罪をさせた。Aさんは，「意味分から
んこと言ってごめんなさい。これからも仲良く遊びましょう。」と述べ
て謝罪をした。緊張して声が震えている生徒，涙目の生徒もおり，Aさ
んは，涙を流していた。X教諭は，Bさんに対して，「自分が一方的に
されただけではなくて，自分が何かしたからされているということもあ
る。自分がされたこと，ちゃんともっともっと見えるようにならんとい
かんぞ。」と告げた。そして，BさんもDさん，Eさん，Fさん，Cさん，
Aさんに対して，「僕も悪いことをしてごめん。」，「言い過ぎた。」等と
謝罪し，CさんやAさんに対しては，「僕も方言の意味が分からなくて
文句を言われていると思ってごめん。」と謝罪をした。Bさんも泣いて
いた。X教諭が，Bさんに，「謝られて学校に来る気になったか。」と尋
ねたところ，Bさんは，「ちょっとだけ学校に来る気になった。」と答えた。
　X教諭は，Dさん，Eさん，Fさん，Cさん，Aさんに対して，「も
しBが学校に来られなくなったらお前ら責任をとれるのか。」と述べた。

POINT-8- X教諭の，Dさん，Eさん，Fさん，Cさん，Aさんに
　　　　　対する指導方法は適切でしょうか？

　17時15分頃，Ｘ教諭は，Ｄさん，Ｅさん，Ｆさん，Ｃさん，Ａさん，Ｂさんの6名を心の教室から退出させた。Ｘ教諭は，Ｂさんに「お母さんに電話するね。」と述べて，Ｂさんの母親に電話をしたところ，Ｂさんは放課後，◆◆◆◆◆に行く予定であったため，その時，ちょうど学校に母親が正門まで迎えに来ていた。Ｘ教諭は，Ｂさんを連れて，Ｂさんの母親の下へ行った。Ｂさんの母親によれば，「名前が出た子を呼んで話をした。何人かひどい子もいたけど，Ａなど2名くらいはそんなにひどくはなかったから，お互いにもう仲直りになったので大丈夫でした。」という説明をした。Ｂさんは母親とともに下校した。ＡさんはＣさんと一緒に下校した。Ａさんは納得をしていない様子で「意味分からんや。」，「俺からじゃないのに，怒られてイライラする。」，「前もあったし。」，「まじ，何で分かってくれんのかい。」，「学校つまらんから明日学校行かんようにしようかい。」と言っていた。ＣさんはＡさんに対して，「学校来いよ。」と述べ校門のあたりでハイタッチをして別れた。Ｅさん，Ｆさんは指導後に，遅れて部活動（1年1組担任のＹ教諭が顧問）に行った。

（5）指導後の家庭訪問とＡさんの死亡

　17時40分頃，Ａさんが帰宅した。祖母が振興会館に展示されていたＡさんの絵と作文を見てきて「絵と作文，二つ展示されているってすごいがね。」と言うと，Ａさんは「まあね。」と言ってにっこり笑った。その後，Ａさんは居間で弟と一緒にテレビ番組を観る等して過ごしていた。18時頃，Ｘ教諭がＡさんの自宅を訪問した。祖母によれば，Ａさんと弟が18時から始まるＮＨＫのＥテレのアニメ「おじゃる丸」を観ているところだったとのことである。Ｘ教諭は，Ａさんの自宅を訪問する前に，事前に連絡はしなかった。Ａさんの自宅は，中学校の裏門から徒歩

1分程度の場所にあった。X教諭の来訪に気がついたAさんは玄関に行き，X教諭と話をした。

　X教諭は，Aさんに「お母さんいる？」と尋ねたが，当時，母親は不在であったため，「いません。」と答えた。X教諭は，Aさんに対して，「嫌な思いをしている人もいるが，誰にでも失敗はあることなので，改善することができればいい。部活も勉強もよく頑張っているので，これまでの自分を貫いていけばいい。」等と発言をした。AさんはX教諭の発言の際に泣いていた。夕食の準備中であった祖母が玄関に顔を出したところ，X教諭は，「ちょっと名前があがったから来ました。」と述べるだけで，家庭訪問をした理由について，詳しい説明はしなかった。祖母は，Aさんが泣いていたため，涙をふくようにと首にかけていたタオルを渡した。X教諭が立ち去った後，Aさんは号泣して自分の部屋がある自宅の上階に上がって行った。

POINT-⑨- X教諭の家庭訪問は適切だったでしょうか？

　Aさんの様子を心配した祖母が，仕事に出ている母親へLINEで連絡をし，以下のやり取りをした。

18時23分祖母「早く帰ってきて大変」
18時29分母親「何？」「もう少しだけど」
18時32分祖母「Aはなにもないけどち先生は言ったけと一応名前があがったからち言って先生が家にきたからよそれから二階に上がってこをからよ」

　18時45分頃に母親が帰宅した。母親がAさんの部屋をのぞいた他,

室内をくまなく探したが，Ａさんが見つからず，18時55分頃，Ａさんを発見した。Ａさんの母親は，Ａさんを心肺蘇生をした（後に病院で死亡確認）。19時02分頃，祖母が119番通報をし，19時08分に救急隊が到着し病院へ搬送された。19時15分頃，Ａさんの祖母は，Ｘ教諭に「大変なことになった。すぐにきてください。」と電話をした。その後，病院でＡさんのズボンのポケットから遺書が見つかった。

POINT -10- 再発防止策の実施方法について

教員×弁護士　議論

POINT-① 9月の指導—事実確認

O弁護士　X教諭は，9月の指導の際に，Bさんが何か嫌なことをされたのだと思い，そのことを前提にBさんの聴き取りを行っています。調査報告書では，学校のこのような対応について，以下の通り評価されています。

X教諭は，Bさんが他の生徒から何か嫌なことをされたとの思い込みを基に，Bさんや他の教員から保健室に来た事情を聞かないまま，Bさんから聴き取りを行い，Bさんに話をさせているのである。Bさんが保健室に来た事情は，前の時間の授業中，いつもと違う様子であったため，支援員が授業終了後「大丈夫よ。」と声を掛けたところ，Bさんの目に涙が溢れたということである。授業中，Bさんは周りの生徒に笑われたように感じたということであったが，実際にはそのようなことはなかった。X教諭は，Bさんから，泣いた事情やBさんの気持ちを丁寧に聴き取りすべきであった。このようなBさんの背景も踏まえて丁寧に聴き取りをすれば，Bさんの想いをこの時点で把握することも可能であったはずである。

また，BさんがX教諭に聞かれて話した他の生徒からされたとする行為についても，十分な聴き取りがなされたとは言えない。他の生徒の行為について，Bさんがどのような気持ちであったのか，どういう場面での出来事であったのか等，丁寧な聴き取りを行ったことはうかがえない。

そして，X教諭は，Bさんの話を聞いて，単に他の生徒から何をされたのかだけを聴き取り，Bさんが受けた行為は「いじめ」あるいは「嫌がらせ」であると判断し，個々の行為を行った生徒の行動を問題と捉え

て呼び出して，叱責し，指導するという行為に及んでいる。本来は，Ｂさんが授業中に感じた辛さや，Ｂさんが嫌に感じたことについて，Ｂさんの気持ちや受け止め方，背景，事実関係等について，丁寧に聴き取り，Ｂさんの気持ちに寄り添って対応をすべきであった。また，Ｘ教諭は，9月15日の出来事について，当日の各生徒に対する指導以外にＢさんに対して特段の対応を行っておらず，Ｂさんがその後，欠席がなかったことをもって，問題は「解消した」と考えたと述べており，表面的な現象に囚われて，Ｂさんに対する継続的なフォローを行わなかったことも問題である。

　確かに，Ｂさんが保健室に行く直前の泣き出した状況を踏まえて丁寧な聴き取りを行っていれば，すぐにいじめに結び付けて指導することもなかったかもしれません。

P教員　しかし，いじめについて大きな問題となっている現在，ある生徒が突然泣いたりし始めたら，いじめと結び付けて考えてしまうのも十分理解できます。逆に，もし実際にいじめがあったにもかかわらず，教員が止められなかったとしたら，教員は強く非難されるでしょうし，何よりも，子どもにとって大きな被害につながるからです。

　ただし，何か嫌なことがあったことを前提に聞くのではなく，どうして泣いているのか，という理由から確認をすることが重要かもしれません。例えば，オープンに「どうしたの？」等と感情に寄り添う形の質問であれば，いじめ以外の話をすることも可能です。

O弁護士

現在の状況からすると，いじめであると考えてしまうのもやむを得ないということですね。

　少し論点がずれるかもしれませんが，この点についても，いじめの定義が非常に広くなったことも影響しているように感じます。いじめ防止対策推進法上の「いじめ」は，早期発見・早期対応のために，極めて広い定義となっています。他方で，その意味での「いじめ」の指導は，その行為の内容によりかなり多様なあり方があるはずです。しかし，実際日常生活の中で使われる「いじめ」という言葉は，非難されるべき行為であるという評価も含んでいます。Ｘ教諭が，加害者側に何度も反省を求めているのも，法律上の定義を「いじめ」と認識した上で，その定義での「いじめ」は非難されるべきもの，と考えているようにも思えます。あくまで，いじめ防止対策推進法は，「いじめ」の疑いがある場合は，23条1項に基づく通報や，同条2項に基づく事実調査をすべきと定めているに過ぎないものです。法律上の「いじめ」に該当したとしても，必ずしも厳しく対応しなければならないわけではありません。

P教員

しかし，法律上の「いじめ」と認められているのに，厳しく対処しないというのも違和感がありますが。

O弁護士

そうですね。法律上の「いじめ」と一般的に認識されている「いじめ」の違いが混乱を生じさせる原因かもしれません。しかし，実際に，いじめの防止等のための基本的な方針5頁では，「『いじめ』という言葉を使わず指導するなど，柔軟な対応による対処も可能」と述べていますし，いじめの指導方法について裁量がある点については，裁判例でも認められています（金沢地方裁判所平成30年2月26日判決・平成26（ワ）298号・平成26（ワ）328号）。

P教員　なるほど，ガイドラインや裁判例でも柔軟な対応や裁量が認められているのですね。

S弁護士　私が気になるのは，本件での事実の確認の仕方です。弁護士が事実調査を行う場合，1人ずつ話を聴くのが鉄則です。本件では「生徒10名全員を，その日の放課後に1年2組の教室に集めて，Bさんが述べた各行為を行ったかどうか確認」しています。また，他の事案でも，教員が同時に複数の生徒の話を聴くという話はとても多く聞くように感じます。しかし，複数の生徒に同時に話を聴く場合，生徒が正直に話ができなくなるような場合もあると思うのですが，教育現場では，複数名同時に聴き取りをすることは多いのでしょうか。

Q教員　もちろん，一人ひとりしっかりと時間をとるのが理想です。ただし，多くの生徒がいる学校では，生徒同士のトラブル等は頻繁に生じています。そのような中で，全部のトラブルについて，常に一人ずつ話を聴くことはなかなか難しい場合もあるように思います。

　そこで，実際には，事実関係が特に争いがなさそうであれば，同時に話を聴くことはあると思います。ただし，深刻な場合には，別々に話を聴くのが原則であるため，X教諭が深刻な事案と感じた本件についても，やはり個別に確認をすべきではないでしょうか。

　ただし，このようないじめ対応については，OJT（実際の職務現場で業務を通して行う教育訓練）に頼ってしまっていることから，学校としては，指導方法を学ぶ機会を確保したり，学校が他の教員と相談しやすい雰囲気，仕組みを作ることが重要だと思います。

なるほど。また，もう1点確認をしたいのが，「9月15日の出来事について，当日の各生徒に対する指導以外にBさんに対して特段の対応を行っておらず，Bさんがその後，欠席がなかったことをもって，問題は『解消した』と考えた」としていることです。

　文部科学省が定めている「いじめの防止等のための基本的な方針」では，いじめが解消したと言えるためには，3か月間いじめの行為が発生しないこと，被害児童の心身の苦痛が継続していないことが要件となっています（「いじめの防止等のための基本的な方針」30頁）。実際，いじめが発生した後のフォローはどこまで対応するものでしょうか。

法律的な判断は別にして，被害児童の方でつらい思いをしているのであれば，当然それに寄り添って対応する必要があります。本件でも，Bさんが泣いているということは，心理的負担が少なくないのだと思います。このような生徒については，特に，注意してフォローしなければならないと思います。

　具体的には，他の教員ともBさんの情報について共有し，Bさんが落ち込んだりしている様子はないか複数の教員で確認したり，積極的にBさんに声をかけて心理的な負担を軽減することなどが考えられると思います。

POINT-②- 9月の指導—情報共有・組織的対応

○弁護士

調査報告書では，X教諭による9月の指導について，以下のように批判がされています。

　X教諭は，Bさんが泣きながら保健室に来た事情について，他の教員から事情の聴き取りを行ってもいないし，Bさんの様子について把握していた支援員や養護教諭も，X教諭をはじめ他の教員と十分な情報共有を行っていない。

　そして，情報共有を行わず，Bさんへの対応をどのように行っていくのか協議も行わないまま，X教諭一人の判断でBさんからの聴き取りや，10名の生徒に対する指導を行っている。9月15日の指導に関しては，同日付けの生徒指導委員会の報告書の中で「B……9/15（火）2校時に泣きながら保健室に来室。話をきいたところ，消しカスを投げられる，『きもい，うざい』の言葉など，周囲から嫌がらせを受けていることが分かる。学級・個別に指導」との記載があるが，少なくとも，X教諭が，Bさんに対する対応，及び10名の関係生徒に対する対応について，事前に他の教員に相談をして，そもそも指導が必要か否かも含めて意見を求めたり，対応を協議したりしていない。そして，対象者が複数いるにもかかわらず，事実確認や指導について共同で行うよう要請した事実も認められない。

　当該中学校の「◆◆の教育」における生徒指導の方法においても，問題行動・いじめ等発生時には組織対応をすることが明記されており，連絡系統図には，情報を入手したら，生徒指導部，生徒指導係や学年部に連絡をして情報共有し，校長，教頭にも連絡し，職員会議にかけることが記載されている。また，問題発生時の対処方法として，「情報を得た職員は，早急に校長・教頭に連絡する。」，「担任は，速やかに保護者へ連絡する。」，「係は連絡と対応を，迅速かつ的確に行う。」，「まず，関係

生徒を落ち着かせてから，情報を詳細に聴き取り，情報の収集を行う。」と記載されている。

　しかるに，X教諭は，指導が必要な「いじめ」ないしは「嫌がらせ」と判断していたにもかかわらず，事前に他の教員と情報共有をして，対応を協議したり，業務分担したりせずに，一人の判断で行動をし，組織対応を行っていない。9月15日に指導を受けた10名の生徒のうち3名は，1年1組の生徒であり担任であるY教諭に対して，放課後に生徒指導をする旨伝えていたようであるが，Y教諭とX教諭が協議をして方針を決めたり，Y教諭に協力を求めたり，役割を分担しようとした形跡もうかがえないし，1年2組には，副担任がいたが，副担任に相談した形跡もうかがえない。

　組織対応がなされず，一人の教員が抱え込み，一人で判断，対応をしてしまうと，計画性もなく，丁寧さに欠く拙速な対応となりがちであり，思い込み等により誤った判断をした場合でも修正の機会がなくなってしまう。

　X教諭の対応は，当該中学校の生徒指導マニュアルやいじめ防止対策推進法等でも求められている組織対応という生徒指導の基本的事項に反している。

　調査報告書では，特に，事実確認，事前の指導内容の確認，指導の実施のいずれにおいても，X教諭が一人で行っていたことを問題視されています。いじめ対応や生徒指導でも，組織的対応の重要性が指摘されていますね。10名もの生徒によるいじめがあったのであれば，そもそも，背景も含めて十分に確認しなければならない気がしますが，この点の評価はどのように考えますか。

P教員　生徒に対して指導を行う場合，指導の前には他の先生と協議をすることが多いと思います。また，通常生徒に対する指導を行う際には，必ず2人1組で対応します。これは，役割分担ができたり，また，逆にお互いの指導を客観的に見ることができるからです。

O弁護士　いじめについてはいじめ防止対策推進法に基づき組織的な対応が必要です。

本件も，X教諭としてまずしなければならなかったのは，いじめ防止対策推進法23条2項に基づいて調査を行い，「いじめの防止等のための組織」に対して報告し，調査方針・指導方針を協議することだったと思います。現実には，同じ学年の担任をしている先生方へ相談することも多いかもしれませんが。

ただし，より良い指導をするためには，このような法律がなかったとしても，他の教員の意見を聞いた方が良いとも思いますが，いかがでしょうか。

Q教員　普段はもちろんできる限り共有はしていますが，業務で多忙な際には情報共有が手薄になってしまう場合もあります。

もちろん，情報共有していないといわれればその通りかもしれませんが，教員が担う業務が非常に多い中で，一度情報共有できていなかったことを批判されるのはなかなかつらいところがあると感じます。

O弁護士　確かに，いつでも必ず情報共有ができるかというと厳しい部分もあるかもしれません。

ただし，今回は，一度に10名を指導する必要がある大きな事件であるとも考えられます。

　平成27年に取手市において中学3年生の女子生徒が自死した事案では，ある生徒が学校のルールに反してスマートフォンを持ち込み，SNSに投稿した際，多くの先生で協議をした上で指導をしていました。それでも不適切な指導が起きてしまったぐらいです。

　もちろん教員は忙しいとは思いますが，今回のような規模であれば，やはり，情報共有が必要だという感覚を持つことは必要かもしれません。

　ちなみに，調査報告書では，本件はX教諭個人の問題でなく，学校全体の問題であるとして以下のように指摘されています。

▼

　しかしながら，これは，X教諭個人の問題ではなく，当該中学校全体の問題である。

　当該中学校の「◆◆の教育」には組織対応をすることが明記されている他，危機対応マニュアルには，管理職の役割分担として，「日常的に発生する小さな問題行動に対し，平時から組織として対応する訓練をしておく。」と記載されている。

　しかしながら，当該中学校では，生徒指導主任であるX教諭には，生徒指導に割く時間を取るために，授業担当時間に配慮する等しており，生徒の問題行動が起こった際，特に1年部においては，生徒指導主任であったX教諭に対応を任せ，これを容認していた実態があった。

　9月15日の生徒指導委員会の報告の際に，対応の具体的内容がどこまで詳細に報告されたかは不明であるが，少なくともX教諭が一人で10名以上の生徒に対して，事実確認や指導等の対応をしたことは把握できたはずである。しかし，職員間で，当該対応について疑問が呈された様子はうかがえない。

組織対応がなされず，Ｘ教諭一人に対応を任せたために，拙速で不適切な指導につながってしまったことは，当該中学校全体の問題として重く受け止めなければならない。

Q教員

確かに，厳しい先生の方が生徒は指示に従いやすい傾向はあると思います。そうすると，厳しい指導についてはそのような先生に任せてしまいたくなる気持ちもよく分かります。

しかし，生徒指導についても，生徒指導の先生にまかせっきりにならないように注意しなければならないですね。

P教員

あと，教員同士の情報共有とは少し話がずれますが，9月15日の指導の後に保護者にその日のうちに連絡しなかったことが気になります。

やはり，迅速な情報共有というのは，保護者との円滑な連携という観点から不可欠です。調査報告書では，その部分の指摘があっても良かったかもしれません。

POINT-③- 9月の指導―記録保存について

O弁護士

調査報告書では，X教諭の9月の指導について，記録の保存の観点でも，以下の通り批判されています。

▼

　9月15日に行われた指導について，当時作成された資料としては，本委員会が調査した際には，その頃行われた生徒指導委員会の報告書しか存在していなかった。しかも，そこには，「B……9/15（火）2校時に泣きながら保健室に来室。話をきいたところ，消しカスを投げられる，「きもい，うざい」の言葉など，周囲から嫌がらせを受けていることが分かる。学級・個別に指導」と簡潔な記載しかなかった。その他の資料は，本事案後に，市教委に提出するために，X教諭が作成した資料であり，Bさんが述べたとされる嫌がらせと行為者が簡潔に箇条書きされているが，X教諭が行った指導内容については，「その日の放課後に全員を集めて指導。個別にBに謝罪させる。」とのみ記載されており，具体的に記載されていない。結局，9月15日に具体的にどのような指導を行ったのかという記録が一切残されておらず，当該指導についての具体的内容を知る教員もX教諭以外にいないため，本委員会の調査では，X教諭及び関係生徒のヒアリングのみで事実認定を行った。

　また，大島地区の小・中学校では，「大島地区小・中学校生徒指導月例報告」と題する書類を校長名で毎月作成し，教育委員会に，いじめ・問題行動の発生状況や学校の取った措置，現在の児童生徒の状況を報告することになっている。しかしながら，9月15日の指導に関しては平成27年9月の月例報告では報告がされておらず，本事案発生後に，11月4日の指導とまとめて報告がされている。そこでの報告でも，具体的な指導内容は記載されていない。いじめ等の対応も含め，生徒指導を行う際には，記録を作成し，保存しなければ，情報共有や組織対応も

できないし，事後的な検証も困難である。「◆◆の教育」でも，記録作成について言及されている。この点も，当該中学校が，1年部の生徒指導をX教諭に委ねていたことの現れとも指摘でき，当該中学校全体の問題であると考える。

　調査報告書では，9月の指導についてはヒアリングから認定せざるを得なかったこと，9月の指導についてはA君の自死が発生してから初めて報告がされたことを指摘されています。

　先生方も通常10名を一度に指導するようなことはほとんどないように思います。そうだとすれば，やはり，そのような重要な指導について記録が残っていないのは問題かもしれません。生徒指導の記録については，通常どのように記録し，共有されていますか？

特に決まった方法はなく，学校ごとに定められていると思いますが，多くの学校では生徒指導部会があり少なくともここで共有されるようにはなっていると思います。また，ノート等に指導を記録している場合もあるかと思いますし，学校内の共有フォルダの一つのファイルに記録している例もあると思います。

特に記録の管理については，自治体のルールや管理職の理解が重要になるかもしれません。

記録については，後の調査の際も重要になります。ただし，例えば，共有フォルダのファイルに記載しておく，また，複数名で同時に同じドキュメントを編集できるシステム等を活用することで，情報集約の時間は各段に短くなるのではないでしょう

か。

　また，この時に気を付けてほしいのは，学校が認定した事実（児童生徒が行った行為）を必ず記載してほしいという点です。学校での資料は，事実関係の記載がなく保護者との対応だけを細かく記載しているものをよく見ます。結局，指導の根拠となる事実の認定が曖昧だと，指導の内容も考えにくいですし，なかなか保護者を説得するのも難しいです。

　例えば，本件の場合，「消しカスを投げられる」「きもい」「うざい」の言葉など，周囲から嫌がらせを受けていたことが分かる」とあります。これらそれぞれの行為について，5W1H（いつ，どこで，誰が，誰に対して，どのように，何をしたか）を整理することが重要です。また，それぞれの行為について前後の経緯，それを踏まえた指導の方向性についても記載があるとなお良かったかと思います。

POINT-④- 9月の指導—Aさんに対する指導の方法 ●

O弁護士

9月のAさんに対する指導について，調査報告書では，以下の通り評価されています。

▼

　X教諭は，Bさんから話を聞いたその日のうちに，Bさんから名前が出てきた関係生徒10名を一度に集めて事実確認や指導をしている。関係生徒10名の各行為については，行われた時期も，場面も異なり，それぞれ行為を行った際の事情は異なる。また，本来，事実確認と指導，謝罪（修復）は別の目的をもった行為であり，段階的に分けて行うのが適切である。事実が確認されなければ指導の必要性や対象は決まらないし，謝罪の対象や在り方も決まらない。最初から指導ありきで話を始めると，生徒も本心や言いたいことを言えなくなってしまい，事実確認が不十分になりがちであるし，生徒の納得にもつながらず，適切な指導や謝罪にはつながらない。そうすると，<u>本来は一人ひとり個別に事実確認をした上で，必要であれば指導をし，必要であれば謝罪等につなげるべきであった。</u>そうであるにもかかわらず，このような段階を踏むことなく，全員を一度に一か所に集めて，同時に事実の有無を確認した上で，十把一絡げに指導をし，同日中に一律に謝罪まで行わせている。かかる対応は，粗雑でかつ拙速と言わざるを得ない。

　調査報告書では，X教諭が「早くこの状況はなくしていかないといけないなというのは感じました」と述べていると認定されています。

　確かに，突然泣き始めた生徒に話を聞いたところ，10名もの生徒から嫌がらせを受けていたのであれば，X教諭としては，早く対応しなければと焦ったことも十分に理解できます。では，実際に早急に複数名への対応が必要だったとして，X教諭はどのような対応をすべきだったので

しょうか。現場では何か工夫することはありますか？

いじめに関わっている児童生徒が多い場合は，生徒同士で話を合わせるのを防ぐ必要もあるため，できる限り短時間で一度に話を聴く必要があります。

　その場合は，教員一人で対応するのは難しいため，聴き取りのポイントを共有した上で他の先生と連携して行うと思います。10名の聴き取りをするのに一人で全部対応することはないと思います。

まさに，いじめ防止対策推進法22条で定めるいじめの防止等のための組織，学年団，生徒指導部会，教育相談部会等で議論の上，情報共有することができれば，誰が当該聴き取りを行うのが適任かを考えることができますね。

　また，事実確認と指導を同時に行っている点も問題として指摘されています。事実確認と指導を同時に行うことは実際多いのでしょうか。

例えば，本当に軽い注意で済むような話であれば，事実を確認した上で指導することはあるのではないでしょうか。

　ただし，本件は，X教諭の主観としても，10名もの生徒が関わっていた重大な事案だったととらえていました。また，生徒全体で指導内容について平仄（ひょうそく）を合わせる必要があります。そのため，やはり，指導の内容も吟味するために，事実確認と指導は分けて行うと思います。本件については，状況の確認とそれをふまえた指導には3日から1週間はかけて良いと思います。

　また，ここで重要なことは，被害を受けた側の児童生徒が何を望んでいるかということです。加害児童生徒側への指導も，あくまでも，被害

児童生徒の意向も踏まえて対応することが重要だと思います。

O弁護士　なるほど，確かに，被害児童生徒の意向は非常に重要ですね。
　なお，今回の調査報告書では，X教諭の聴き取りの方法についても「各生徒に対して，言い分を聞いてそれを受け止めたり，行為時の状況の事実確認を丁寧に行ったりした様子はうかがえない。」と指摘されています。具体的には以下のような生徒がいたようです。

・ 教諭からは「石を投げた」点について指導されたものの，体育大会の練習中に，運動場に腰を下ろして座っている時に，手元にあった砂粒を放ったら当たったと自分の言い分を述べた……が，Bさんから話があったことをもって，「嫌がらせ」として当該生徒に指導しており，それ以上言い返せなかった生徒

・「からかったつもりじゃなかった。」と言ったが聞いてもらえず怒られたという生徒

・ 自分はしていないと言ったが反省文を書くように指導されたという生徒

・ 腕相撲をみんなでしている時にBさんを誘って一緒にしたことはあるが無理やりしたことはなかったという生徒

・ 宅習帳を渡す時にコミュニケーションとして頭にポンと軽く当てたことはあったが，嫌がらせはしていないという生徒

・「調子に乗んなよ。」とか言ったことはあるかもしれないが，会話の中で言い返したりするだけでいきなり一方的に言うことはないと証言する生徒

　今回の指導で，X教諭は，Aさんに，Bさんに対して消しゴムのカスを

投げた行為について反省文を書かせています。しかし，当時Aさんが在籍していた1年2組では，授業中に教員が黒板に板書をするために後ろを向いている間に消しカスを投げ合うことが男子生徒の間で流行っていましたが，このことについて，X教諭は確認をしていません。実際，「Aさんもx教諭の指導後に，自分の言い分を聞いてもらえなかったという不満を周囲に漏らして」いました。調査報告書では，「そして，その後も，9月18日の学年指導，9月18日及び9月25日の学級通信で繰り返し指導をし，Aさんの不満を増幅させたと考えられる」と判断されています。

そうですね。指導の際に生徒に疑問が生じていた場合に，その疑問を生徒に話してもらうためには，教員が自分の把握できていないことがあるかもしれないことを前提に話を聴くなど工夫や努力が必要です。本件は，Bさんとその他の生徒10名が対立構造にあったのか，なかったとしても，Bさんがどのように感じていたのか，もっと詳しく聞きたいところです。

なお教育現場では，生徒に反省文を書かせることが多い気がしますが，これは実効的なのでしょうか。弁護士は，良く刑事裁判において被告人の反省を示すために反省文を書いてもらったりしますが，本当に内省に役に立っているのかは他の事情も併せて考慮した上で判断する必要があります。

本当に内省をするためには，自分が行った行為を認めさせた上で，何が良くなかったのか自分なりに納得してもらう必要があります。
　調査報告書でも「こうした言い分を聴き取ることが，正確な事実確認

にも，納得した生徒指導にもつながり，まさに，当該中学校の『◆◆の教育』に記載された，『自尊感情』を高める生徒指導や，『生徒理解』に基づく生徒指導ではないだろうか」と指摘されています。

　もし，本人が，自分が行ったことについて指導されることに不満を持っていたら指導はしません。まずは，反省文ではなくても良いから，しっかりと本人が思っていることを書いてもらいます。そうやって，本人の話を聞いた上で，納得した段階で，内省をより深めるために，反省文を書いてもらうようにしています。

O弁護士

なるほど。それは，弁護士が少年事件において少年と面接を行う際も同じですね。まずは，必ず少年の言い分をしっかり聴くようにしています。

　子どもに寄り添った対応と言う意味では，やはり，付添人も教師も共通のところがあるように感じます。

Q教員

反省文は形式的なものになってしまうことが少なくないので，私は，ほとんど反省文を書かせたことはありません。やはり生徒本人との対話の中で心の変化に気付くことが重要ではないでしょうか。

O弁護士

なるほど，指導方法にも，教員それぞれの指導方法がありますね。

POINT-⑤ 11月の指導—Bさんへの対応

O弁護士

調査報告書では，11月の指導におけるBさんへの対応について，以下のような指摘をされています。

▼

　登校したBさんに対しては，まずは，登校してきたこと自体を評価して，学校に行きたくないと思った，辛かった気持ちを受け止めることが求められた。そして，Bさんが，自ら学校に行きたくないと思ったことについて話ができる状況にあれば，丁寧に話を聴くことが必要だった。しかし，X教諭は，登校してきたBさんに対して，まずもって，他の生徒からされた嫌なことを書くようにと告げて，紙を渡し，Bさん本人に申告をさせるという対応を取っており，Bさんの気持ちに寄り添う対応にはなっていない。

Q教員

焦るX教諭の気持ちも分かりますが，確かに，本人に嫌なことを書かせるだけでは，なかなか本人の思いをしっかりと聞き出すのは難しいかもしれないですね。

O弁護士

また，調査報告書ではその聴き取りの内容についても，以下の通り指摘されています。

▼

　しかも，X教諭は，Bさんの書いた内容を踏まえて，Bさんに補充で聴き取りを行っているが，何をされたか，された場所や時期等を中心に聴き取り，その時の前後の状況や経緯，気持ち等の詳細な聴き取りは行わず，事実の確認としても不十分である。これは，9月15日に行われたBさんへの聴き取りと同様である。また，他の生徒からされたこと，嫌なことを書かせるだけでは，Bさんがなぜ学校に行きたくないと思ったのか，その理

由と直接つながるとは限らず，学校に行きたくないという気持ちの解消に
つながるとは限らない。

「その時の前後の状況や経緯」についても確認が必要である点は，教
員向けの研修の際にも，コメントすることが多い内容です。いじめにしろ，
不登校にしろ，いくつかの断片的な「行為」だけを聞き出しても，なか
なか背景が分からないことが少なくありません。

　調査報告書でも，「一般的に，子どもが学校に行きたくないと思う事情
には単一の原因があるものではなく，様々な背景要因があると言われて
いる」とも指摘しています。

P教員

解決を焦る場合には，確かに，背景まで深く聴き取ることまで
でできていないこともあるかもしれません。また，最近は虐
待の問題もあるので心配な場合もたくさんあると思います。

　調査報告書では，X教諭が，「『不登校はなくさなければならない』と
いう考えの基，Bさんが学校に行きたくないと思う状況を早く取り除か
なければならないと考えて，その原因は，Bさんが友達からされた嫌なこ
とに違いない，それを取り除かなければならないと思い込んで対応を行っ
ている」と指摘されています。実際，X教諭のそのような考えは「Bさん
も明日から学校に出てこようと努力する」という指導の言葉に表れている
と思います。しかし，思い込みは是正するのが難しいことを考えると，副
担任の先生等と相談しながら進めていくしかないかもしれません。

O弁護士

義務教育の段階における普通教育に相当する教育の機会の確
保等に関する法律13条が「個々の不登校児童生徒の休養の必
要性を踏まえ」と定めています。不登校を問題行動として考

えて無理に登校させることを回避することが目的ですが，ご指摘のような内容は，本人の状況を踏まえて対応する，という教育機会確保法の趣旨と合致するものだと思います。X教諭もこの法律の趣旨を踏まえて，慎重に対応すべきだったのではないでしょうか。

そうですね。その意味でも，「何をされたか，された場所や時期等を中心に聴き取り，その時の前後の状況や経緯，気持ち等の詳細な聴き取り」を行っていないことは不適切だったと考えられます。ただし，「何か嫌なことがあったのか」と聞いた方が，児童生徒にとって答えやすい場合もあると思います。これは普段接している教員だからこそ分かる点だと思います。

　また，生徒が話しやすくするために，生徒と交換日記をしたことで，生徒も色々と話してくれたようなこともあります。対面での面談にこだわらず，色々な手段を考えてみることが重要だと思います。

なるほど。交換日記については全く考えたことがありませんでした。確かに話すよりも書く方が得意な生徒に交換日記は特に有効そうですね。ちなみに，Bさんは，「嫌なことをされた」として，実際に紙にAさんの名前書きました。この点について，調査報告書は，以下のように分析しています。

　友達からされた嫌なことを書くように言われたBさんとしては，学校を欠席した直接的な原因ではない事実も含め，友達からされた嫌なことを書かざるを得ない。また，当該中学校においては，「不登校はなくさなければならないもの」とされていたことからすれば，学校を欠席した理由を問われたBさんとしては，自分が学校を欠席した行為を正当化するため

に，嫌だと思ったことはできるだけ多く申告せざるを得ない状況に追い詰められてしまう。

　文科省不登校支援最終報告でも指摘されているように，不登校は「問題行動」ではない。「行きたくても行けない」現状に苦しむ児童生徒とその家族に対して，「なぜ行けなくなったのか」といった原因や「どうしたら行けるか」といった方法のみを論ずるだけではなく，不登校児童生徒に寄り添い共感的理解と受容の姿勢をもつことが重要である。まずは，Bさんが登校してきたことを評価して，Bさんの気持ちが落ち着くのを待って，Bさんに寄り添いながら，その背景やBさんが学校で感じている辛さについて時間をかけて聴き取り，Bさんに対するアセスメントを行った上で，他の生徒に指導が必要だと判断した場合には指導をしていくべきだったと思われる。X教諭の対応は，まさに，前述した「◆◆の教育」における「教育相談」の「相談はどんなときに失敗するか」という項目において指摘されている，

　「・教師が尋問口調で質問し，説教口調で建前論を述べたとき。
　　・生徒が話したがらないことを追及したり，解決を急いだりして，
　　　一方的に自分の都合のよい方向に生徒を向けようとしたとき。
　　・生徒が話し手，教師が聞き手という立場が逆になったとき。
　　・生徒から出てきた悩みに，過剰な指導意識を出したとき。
　　・教師が生徒の悩みを聞き出そうと懸命になって，相談が調査のようになってしまったとき。」

という対応になってしまっていたと考えられる。この点に関して，Bさんの父親は，本事案発生後にX教諭に対して，Bから話を聞くのはいいけど，すぐに指導に入らず，見守ってほしかったと述べており，当委員会の調査時においても，話は聞いても，それをすぐ指導として行動をするのではなく，内容を把握して，様子を見てほしかったと述べていた。

Bさんの対応として求められたのはこのようなことであり，保護者の思いもきちんと聴き取り，対応すべきであった。

保護者の方のコメントも重要ですね。実際には，不登校の際には，保護者とどのような協議をするのでしょうか。

そうですね。保護者との関係については，学校との信頼関係が醸成されているかで変わってきます。特に中学1年，2年までは信頼関係が十分に醸成されておらず，学校に対し強い批判をおっしゃる保護者もいらっしゃいます。このような場合にいかに丁寧に学校での様子を共有し，保護者との信頼関係を築けるかが重要ですね。

なるほど，それは盲点でした。確かに，信頼関係の有無は保護者と協力関係を築く上では非常に重要ですね。その意味では，特に担任を持ってからや，小中学校に入学してから最初の頃の保護者とのコミュニケーションは慎重に行う必要がありそうですね。

POINT 11月の指導—Aさんに対する指導①

O弁護士　ここでは,さらに,11月の指導の問題点として指摘されている,事実確認が不十分な点,そして,指導時の発言について検討をしたいと思います。

　11月の指導では,X教諭は,一人ずつ呼び出した上で,各生徒に対してBさんにしたことを書かせました。確かに一人ずつ事実確認をしようとした点は良かったのですが,調査報告書は,その事実確認の方法が適切でないとして批判しています。具体的には,以下の通りです。

　Aさんら5名の生徒に対しても,X教諭は,自分がBさんにしたことを紙に書かせるという方法を取っている。これは,Aさんら5名の生徒が,Bさんに「いじめ」ないしは「嫌がらせ」をしたことを当然の前提としており,各生徒らに言わば「自白調書」を自ら作成させるようなものであり,その方法自体不適切である。

　加えて,書かれた内容やそれに対する聴き取りについても,例えばDさんに対する聴き取りの場面では,Bさんの申告内容を告げて書き直させたりして,Bさんの申告内容と一致させることにとらわれた聴き取りを行ったり,その行為が行われた具体的な状況や経緯について丁寧に聴き取ったり,各生徒の言い分をしっかりと聴いた形跡が見当たらず,事実確認としても不適切,不十分である。「生徒理解」に基づく指導が行われたとは言えない。

　つまり,「自分がしたことを紙に書かせる」という方法,また,「Bさんの申告内容を告げて書き直させたりし」た点について,不適切と判断しています。

　そして,調査報告書では,文科省の「いじめの防止等のための基本的

な方針」との関係については，以下の通り述べられています。

文科省いじめ基本方針においても，「いじめられた児童生徒の主観を
確認する際に，行為の起こったときのいじめられた児童生徒本人や周辺
の状況等を客観的に確認することを排除するものではない。」と記載され
ており，Bさんの申告があったとしても，「いじめ」と決めつけることなく，
Aさんら5名の生徒の話は丁寧に聴くべきであったし，場合によっては，
周囲の生徒からも話を聴くことも必要であった。また，特定の行為や発
言が「いじめ」に当たるか否かは，いじめられた児童生徒の立場に立つ
ことが必要であることは言うまでもないが，行為や発言の表面的な意味
でだけで決まるものではなく，その場の雰囲気，ニュアンス，場面，生
徒の関係性等によっても，そのもつ意味や影響，効果が異なってくるた
め判断が難しい場合がある。事実が確認できないことには，問題の所在
は明らかにならないし，指導方針や支援方針を立てることができない。
したがって，事実確認は丁寧に行われるべきであった。

ちなみに，教育現場では加害を行ったとされる児童生徒側に事実を認
めさせようとする傾向があるように感じますが，いかがでしょうか。特に，
弁護士としては，事実関係を関係者に確認する際に，話が食い違うこと
はよくありますし，食い違いがあったとしても，重なり合う部分があれ
ばその部分を前提に話を進めます。その意味では，無理に認めさせる必
要もないように感じるのですが……。

P教員

教育現場では，事実の確認はもちろんですが，本人が十分に
内省を深めることに重きを置いています。その意味では，本
人が行った事実をしっかり認識しない限り，内省を深めるこ

とはできません。そのため,本人が事実を認めているかどうかにこだわってしまうのかもしれません。

　多くの先生は,今回のように,本人が述べていることを否定してまで,他方の生徒の言い分を認めさせることはないと思います。ただ,なかなか授業の準備や校務分掌で忙しい中で,十分な検討のための時間を捻出できるかどうかは課題です。

〇弁護士　なるほど。確かに,本人の反省を目的として考えたときには,まずは事実を認めることが重要ですね。

　また,11月の指導では,X教諭が,不適切な発言をしている点が,調査報告書でも指摘されています。具体的には以下の通りです。

　X教諭は,Aさんら5名の生徒に対する指導時に,大きな声で叱責をしたり,「責任とれるのか。」といった発言をしている。また,Cさんに対しては,平手で頭を叩いたり,◆◆部の顧問の教員に対して「こんなやつ試合に出る資格はないですよ。」といった発言もなされている。

　そして,このようなX教諭の発言について,調査報告書では以下のように指摘されています。

　このような,言動は,生徒の尊厳を傷つける不適切な行為である。「生徒指導提要」においても,「教員は,共感的な態度で指導を行い,児童生徒が,自分を理解してくれる,存在を認めてくれるなど自己存在感を持つよう指導しなければなりません。」と書かれているが,そのような生徒指導とは到底言えないし,「◆◆の教育」で掲げられた「自尊感情」を高める生徒指導,「生徒理解」に基づく生徒指導とも言えない。また,X

教諭は,「不登校」や「いじめ」は絶対になくさなければならないという厳しい態度で本事案の指導にも臨んでいたようである。しかしながら,「いじめ」は防止しなければならないが,集団ではどこにでも起こり得る現象であるとの認識を前提に,対応していかなければ,かえってその本質を見誤ってしまい,不適切な対応に陥ってしまう。「いじめ」が起こる背景には,様々な要因があるため,仮に,各生徒の行為が「いじめ」に当たると判断した場合にも,X教諭が行ったような,厳しい指導を行う必要があったかについては大いに疑問である。文科省いじめ基本方針にも,「いじめられた児童生徒の立場に立って,いじめに当たると判断した場合にも,そのすべてが厳しい指導を要する場合であるとは限らない。」と指摘されている。当該中学校及びX教諭においては,生徒指導について,杓子定規に厳しい指導をするという単純な方法を見直さなければならない。また,嫌な思いをしている生徒がいるという状況が判明した場合,自分自身の学級経営や学校全体の経営に問題はないか,学級や学校全体の雰囲気に問題はないか等を振り返ることも必要である。

　以上,調査報告書ではX教諭の指導についてかなり厳しく非難されていますが,教員の立場からはどうでしょうか。

確かに,大きな声で叱責をしたり,「責任とれるのか」といった発言は,適切ではないですね。また,部活動の先生に対して,「こんなやつ試合に出る資格はないですよ」とまでは言い過ぎだと思います。

　ただ,本人に反省を促すための指導の場合,実際にどのような声掛けをすることが適切か,本当に判断が難しいと思います。

O弁護士 そうですね。ただ，本件では，X教諭が生徒に対して叩いたり怒鳴ったりしたことがあったことも認定されており，本件特有の背景もありそうです。

　本件には直接関係ありませんが，特に，体罰のある教室にはいじめが多くなるとのデータもあります。その意味では，生徒を単に指導するだけではなく，教員自身がこのような指導方法をやめることが，いじめをなくす上でも重要であることは，ぜひ教員の皆様にも知っておいていただきたいことです。

　また，例えば，教員が多様性を認める行動をしているかどうかも実はいじめの発生しやすさに影響があることも分かっています。もちろん，いじめが発生した際にしっかりと事実を確認し，指導することは重要ですが，いじめの予防の観点では先生方の行為が重要となりますので，ぜひ先生自身の行動も振り返っていただきたいと思います。

P教員 なるほど。そもそも体罰自体，絶対にあってはならないものですが，体罰等を行わないことは，いじめをなくすことにも役立つのですね。今後，しっかり意識していきたいと思います。

POINT-⑦- 11月の指導—Aさんの行為のいじめ該当性

調査報告書では，以下の通り①母親の言葉，②Bさんの供述，③行為が起こった時の状況や内容，④前後のAさんとBさんの関係等を踏まえて，Aさんの「▲▲」との発言は「いじめ」には該当しないと判断されました。詳細は以下の通りです。

　　BさんがX教諭に対して，Aさんの行為を申告した状況は，X教諭から学校に行きたくないと思った理由として，他の生徒からされた嫌なことを紙に書くように促された中で出てきたものである。Bさんが積極的に申告したものではない。Bさんの母親は，「もう頭がこうなっているときの状態のときに，仲のいい子の二人からのちょっとしたことも，ちょっとくらいででも。」，「先生に，何かちょっとしたことでも全部言えと言われたときに，名前をだしちゃったのかなと思うんですよ。」と述べている。また，Bさんの主観を検討すると，Bさんが書いた紙にも，Aさんは行為の主体として積極的には書かれていないし，Bさんも調査委員会の調査の際に，Aさんの行為については「遊びみたいな」ものであったと答えている。また，行為が起こった時の状況や内容についてみると，Bさんは当初，「……」と悪口を言われたと申告しているが，実際には，それは誤解であったことが判明している。実際にAさんが発した「……」という言葉は，Cさん「……」に教えられたものであり，BさんとCさん及びAさんとの会話のやり取りの中で，Cさんが発した言葉をAさんが真似をして使ったものである。Aさん自身は，X教諭による指導において，「自慢話のとき，『だから何』と言った。話を最後まで真剣に聞けていなかった。」と書いている。そして，BさんとCさん及びAさんは，教室での席も前後等で近く，昼休みにサッカーをして遊んだりする友達であり，Bさんの日記にも「昼休み，Cさんと遊んで楽しかった。」と書かれており，Aさんも11月4日当日に，Bさんに給食を運んであげたり，

昼休みに一緒に遊んだりしており，BさんはAさんについて友達だったと述べている。以上，本委員会が調査した限りで判明した事実によれば，Aさんが「……」と発した行為は，友達同士のたわいのない会話の中でのやり取りであり，BさんというよりむしろCさんに向けられた言葉とも考えられ，Aさんが多少ふざけて言った面はあったとしても，「心身の苦痛」を与える「嫌がらせ」ないしは「いじめ」と認定するのは困難である。

　現在，第三者委員会で「いじめ」の判断する際の定義をどうするかは，様々な議論がされています。

　いじめ防止対策推進法において定められている「いじめ」は非常に広く，基本的には行為を受けた児童生徒が苦痛を感じたかどうかが重要な基準なので，社会的に非難されないような行為についても「いじめ」として判断される可能性があります。調査報告書において「いじめ」が認定された場合，多くの場合はその結果のみが独り歩きし，強い社会的非難が生じることが少なくありません。

　他方で，法律上の「いじめ」が第三者委員会における認定基準として妥当でないとして，定義を狭める例もあります。しかし，そうすると，今度は，どのように「いじめ」を定義するのかという問題も生じます。

　本件の調査報告書では「いじめ」の定義を法律上のものとした上で，「いじめ」には該当しないと判断しました。ただし，この件は，極めて判断が難しかったと思います。

P教員　最近は，定義も広くなったので，「いじめ」と判断することもかなり多くなりました。
　　　　　なかなか，現状の法律上の定義からすると，いじめ該当性を否定することが困難とも思えますが，いかがでしょうか。もし，私が

X教諭の立場だったとしたら，「いじめではない」とは判断できなかったように思います。

O弁護士 その点は，おっしゃるとおりだと思います。ただ，いじめの事実の認定については，調査報告書は以下のように述べています。

11月4日の指導当時においては，X教諭は，「行為の起こったときのいじめられた児童生徒や周辺の状況等を客観的に確認」しておらず，その時点で，「いじめ」と認定することはできない。また，後述のとおり，本事案翌日には，市教委は，Aさんが「いじめ」をした加害者であると説明しているが，当該時点においても，十分な事実確認はなされておらず，「いじめ」と認定することはできない。子どもたち同士の会話や関わりの中で，傷つきや不快な思いをすることは，ありうることである。しかし，そのすべてを「嫌がらせ」や「いじめ」と捉えて，指導が必要であると考えてしまえば，子ども同士のコミュニケーション能力，社会性，主体的な解決能力等を育み，適切な人間関係を築いていくことが困難になり，かえって健全な成長発達を阻害してしまう。また，生徒の行為を「いじめ」に当たると早急に判断することが必ずしも重要ではない。

このような調査報告書から判断すると，まずは事実確認が重要である，ということは言えると思います。

P教員 他方で，現在のいじめの定義に基づいて判断すると，何でも「嫌だ」と言ってしまえばいじめになってしまうので，少し違和感があります。いじめ防止対策推進法23条2項では「指導」するこ

とを義務付けていますが，具体的にどのように対応したら良いでしょうか。

O弁護士　おそらく，いじめは悪いことで，しっかり指導しなければならないもの，というイメージが強いからではないでしょうか。

トラブルが起きたら，普通，何があったか話を聞いて，その解決のために何かしら対応すると思いますし，必ずしも常に是正させるという意味での「指導」ではないと思います。「いじめ」についてもそれと同様に考えていただくのが良いと思います。POINT1（p38）でも話したように「いじめ」という言葉を使わずに指導することも文部科学省が発表している「いじめの防止等のための基本方針」などでも認められています。また，調査報告書においても，以下のような指摘がされています。

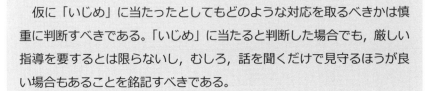

仮に「いじめ」に当たったとしてもどのような対応を取るべきかは慎重に判断すべきである。「いじめ」に当たると判断した場合でも，厳しい指導を要するとは限らないし，むしろ，話を聞くだけで見守るほうが良い場合もあることを銘記すべきである。

また，東京都教育委員会が作成した「東京都教育委員会いじめ総合対策」という資料では，いじめの態様に応じた対応の内容が示されていますが，それは，教員の皆様にとっても参考になるかもしれません。

P教員　なるほど，行為を受けた児童生徒が苦痛を感じれば「いじめ」であるということが徹底されている中で，現場において，ある行為を「いじめ」でないと判断する方が難しいように思いますが，仮に，「いじめ」と判断しても，一般的に言われている意味での「指導」までは，必要ないと判断しても良いということですね。

ただ，本件では，Aさんの性格を考えれば，何度も何度も指導する必要はなく，指導にあたって配慮が欠けていたと言わざるを得ないかもしれません。

そうですね。法律の文言に即して説明すれば，いじめ防止対策推進法23条3項に，いじめの事実が確認された場合，「いじめを行った児童等に対する指導」をしなければならない，とありますが，「いじめ」の定義が広いことにより，この「指導」の意味も広くなってしまっている点にご留意いただければと思います。

「重大性の段階に応じたいじめの類型（例）〜「いじめ」の定義に基づく確実な認知に向けて〜」
出典：[東京都教育委員会いじめ総合対策【第2次】（上巻）［学校の取組編］]

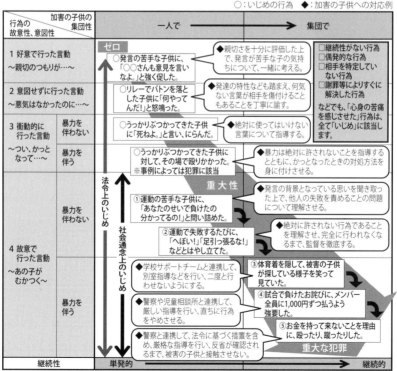

※ 上記の類型は，加害の子供の行為によるもので，被害の子供の「心身の苦痛」の軽重によるものではない。
※ どこからが犯罪に該当するかは，事例ごとに異なる。　※「暴力」とは，言葉以外の有形力の行使全般を指す。

POINT-⑧- 11月の指導—Aさんに対する指導②　●

○弁護士　調査報告書では，11月のAさんに対する指導について，対応が拙速である点，及び，5名の生徒をまとめて指導した点，事実確認が不十分な点，そして，指導時の発言の4点が問題点として指摘されています。

　まず，対応が拙速である点についてです。前提として，調査報告書では，いじめへの対応の在り方として以下の通り説明されています。

▼

　「いじめ」が疑われる事態が発生した場合，早期発見，早期対応は重要なことである。しかし，そこでいう早期対応を早期の決着と取り違えてはならない。「いじめ」に当たるか否かにかかわらず，苦しんでいる子どもに対して，時間をかけてでも丁寧に話を聴き，問題の所在を的確に把握し，アセスメントをし，問題にどう関わるべきか計画をし，対応にあたらなければならない。また，「いじめ」と疑われる事態にも，軽重があり，直ちに対応が必要と思われるケースから，「いじめ」を受けたとされる生徒の気持ちを受け止めて様子をみたり，何らかの指導をしたりはするが，生徒間の自主的な解決に任せて見守ることが適切な場合もある。

　そして，このような考え方を踏まえて，「X教諭は，Bさんの話を聞くやいなや，Aさんら5名の生徒が『いじめ』ないしは『嫌がらせ』をしたと考えて，その日のうちにAさんら5名の生徒を指導し，その日のうちに謝罪までさせている」との点について，以下の通り評価しました。

▼

　本事案のAさんら5名の生徒の各行為は，すべてが教員の指導が必要であるとは思われないし，直ちに対応が必要なケースとは思われない。具体的な行為内容にかかわらず，すべての行為について一律に対応し，

その日のうちに謝罪までさせるという対応は適切ではない。

　さらに，この時，Ｂさんにも謝罪をさせる必要があったのかも疑問である。また，互いに謝罪をさせるという解決方法が，形式的，表面的なものとなり，かえって問題の本質を見えづらくさせ，深刻化させる場合もある点は留意が必要である。仮に謝罪をさせる場合でも，適切な時期や方法を検討しなければならない。

　つまり，①すぐに対応が必要でないのに，その日のうちに一律に全員を指導したこと，②Ｂさんにも謝罪させたことを「拙速」として評価しているということです。その日のうちに一律に全員を指導した理由についてはどんなことが考えられますか？

良い悪いは別にして，Ｘ教諭も，早く解決しなければ，と焦っていたのかもしれませんね。実際，再発防止策の部分においても，「教職員は，不登校ゼロを目指し，不登校は解消しなければならないという意識が強かったようである。そのことが，本事案にもつながった」との指摘があります。しかも，生徒指導を担当していたのであれば，そのようなプレッシャーはさらに強かったのかもしれません。このような学校風土の問題も無視できないと思います。

なるほど。確かに，個別の先生の問題だけでなく，学校全体の問題としてとらえることも重要ですね。ちなみに，個人的には，学校では，生徒同士謝罪をさせることで「解決した」とすることは良く聞きます。他方で，謝罪をさせることだけでいじめの問題が解決したとして終わらせることに対する批判も良く聞きます。何か問題があったときには，謝罪以外にはどのようなアプローチがあり得

るのでしょうか。

P教員　そうですね，いじめ問題が起きたときは，被害生徒に安心感を得られるようにすることが重要ですが，加害生徒にとっては，内省を深めるきっかけにもなると思うのです。その意味では，例えば，謝罪より前に，自分の内面に気付かせるために，加害生徒側に自分の気持ちや考えを話させたり，反省文という名前かどうかはともかくとして，自分の気持ちを文章で書かせることも考えられます。

　また，なかなか被害生徒にとって，いじめを受けたこと自体を忘れることは難しいですし，謝罪だけでは再発しないかという心配はある以上，教員としていじめを許容しないことを明確にしたり，また，積極的に本人に声をかけることは必要かなと思います。

O弁護士　なるほど。人間関係の修復とともに，当該加害生徒が内省を深められるように促すのですね。

　また，調査報告書では，5名の生徒をまとめて指導した点について，以下の通り指摘されています。

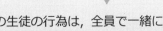

　Aさんら5名の生徒の行為は，全員で一緒に行われたものではないし，その時期も行為態様もまったく異なるものである。また，各生徒とBさんとの関係性もそれぞれ異なり，Bさんの受け止め方も，各生徒の抱える課題も異なるはずである。

　そのような生徒をまとめて，同時に，同じ内容の指導をした点は9月15日の指導と同様に問題である。文科省の「生徒指導提要」にも，「一人一人の児童生徒」が異なることを前提に生徒指導を行うこと，特定の問題への対応については，個別指導を行うことが指摘されている。当該中学校の

「◆◆の教育」にも，「生徒の個々の実情を把握した上で」「個に応じた指導に努め」るとされている。まとめて同時に，同じ指導を行った場合，指導を受ける生徒にとっては，自分の行っていない行為についてまで連帯して責任を負わされるように感じたり，行為に軽重があっても，自分の行為に見合わない厳しい指導を受けたりすることにもなりかねない。また，自分に対する直接の指導ではなくても，目の前で他の生徒が厳しく叱責等をされている姿を見ると，見せしめのような形になり，そのことが与える心理的な影響も懸念される。

　本事案においても，各生徒について，個別に指導ないしは対応することが必要であった。

　X教諭は，9月の指導の際には，10名に対して一度に事実を確認し，指導していました。11月の指導では，事実確認自体は個別に行っていますが，指導については9月の指導と同様に全員一度に行っています。

私も，やはり，全員一律に指導することは適切でないと思います。ここでも，9月の指導と同様に，5名の生徒が1名の生徒に対して集中的に嫌なことをしていた可能性があるのであれば，一人ずつ，なぜそのような行為をしたのか十分に対話をしながら，反省させる必要があるかと思います。

ちなみに，本件は，行為の軽重にかかわらず一律に指導している点で，生徒たちに連帯責任を課したものとも言えると思います。しかし，このような指導方法は本当にやめた方が良いと思います。実際に特定の生徒の行動が理由で，ある部活動の他の部員が「連帯責任」として指導された結果，他の生徒の不満がたまってい

じめの背景の一つとなった例もあります。また，POINT②で紹介した取手市の事案でも，自死した生徒は，校内でのガラスが破損した件について関与していないにもかかわらず，「みんな悪い」として指導されたことが，自死に大きな影響を与えたと判断されています。本事例についても同様の問題があるように思います。

確かに，自分に責任は全くないにもかかわらず，他の人のせいで自分が不利益を被ったら，不満が生じるかもしれません。しかし，生徒同士で連帯責任を負わせることで，お互いに助け合うことを意識するようになる，という良い側面もあるのではないでしょうか。

そうですね。ご指摘のような良い面もあるかもしれません。しかし，それも，生徒の理解等が十分行われていることが前提です。特に，自分の改善すべき点や，具体的なサポート方法も十分に理解している必要があります。その意味では，やはり，「結局は『生徒の立場』に立った生徒指導がなされていなかったことが問題の本質であると考えられる」という調査報告書の指摘が的を射ているように思います。

そうですね。それぞれの生徒について理解していることは大前提だと思います。生徒へ指導する際には注意したいと思います。

POINT-⑨ 家庭訪問時の対応

O弁護士

今回，X教諭が家庭訪問したことが，自死の引き金となってしまっています。33頁の通り，X教諭は，Aさんの自宅に事前の連絡なく訪問しました。その際に，X教諭は，Aさんに対して，「嫌な思いをしている人もいるが，誰にでも失敗はあることなので，改善することができればいい。部活も勉強もよく頑張っているので，これまでの自分を貫いていけばいい」と声をかけています。このX教諭の声掛けについて，調査報告書は，以下のように述べています。

▼

　X教諭は，学校における指導後，放課後に事前の連絡もなく，Aさんの自宅を訪問している。X教諭は，Aさんにとって家庭訪問がどのような意味を持ち，どのような影響を与えるのか具体的に検討し，評価した上で行動に移した形跡はうかがえない。また，X教諭の指導に納得をしていないAさんにとっては，突然の家庭訪問は衝撃的な出来事であったと想像される。当該中学校においては，不登校の生徒等に対して，家庭訪問をするということはあるようであるが，少なくとも，Aさんにとっては，担任が事前の連絡もなく，家庭訪問をするという経験は初めてのことであった。

　しかも，X教諭が，家庭訪問時にAさんにかけた言葉は，「嫌な思いをしている人もいるが，誰にでも失敗はあることなので，改善することができればいい。部活も勉強もよく頑張っているので，これまでの自分を貫いていけばいい。」というものであった。Bさんとの些細なやり取りの中で発した言葉が，「嫌な思いを」させる「失敗」であり，「改善」しなければならないことであると，学校で指導を受けた上に，わざわざ自宅に来てまで告げられることは，X教諭の指導に納得していなかったAさんにとっては，追い打ちをかける言葉に他ならない。X教諭のかけた，「部

活も勉強もよく頑張っているので，これまでの自分を貫いていけばいい。」という言葉も，Bさんに対する行為について指導を受けたこととは何ら関係のないことであり，Aさんにとっては，どんなに頑張ってもX教諭には自分の気持ちを分かってもらえない，納得できないという気持ちを強くさせるだけであったと推測される。Aさんとしては，部活や勉強を頑張っていることを評価してもらうのではなく，指導を受けたことについて，自分の言い分をきちんと聞いてもらいたかったはずである。X教諭が家庭訪問した際に涙を流し，X教諭が立ち去った後に号泣したのは，自分の気持ちを分かってもらえないことや理不尽さに対する怒りや悔しさの涙であったと考える。X教諭が家庭訪問をし，Aさんにかけた言葉は，Aさんの気持ちや立場を理解しない不適切なものであったと考える。

　この家庭訪問について，先生方はどう考えますか？

P教員　この家庭訪問がAさんの自死のきっかけとなったこと自体はそうかもしれません。しかし，X教諭は，Aさんのことが心配になって家庭訪問をしたのではないでしょうか。

　突然家庭訪問をすることはあまりないかもしれませんが，その方法等については，地域の文化や雰囲気等もあるので，必ずしも自分の経験だけからは判断できない部分もあります。

　そうだとすると，むしろ，家庭訪問までして指導をしており，熱心な教員であると思いますし，また，このようなX教諭を批判することは酷に感じます。

O弁護士　確かに，おっしゃることは良く分かります。実際，調査報告書でも「X教諭をはじめ，各教員が熱心であったことは否定

しない」（55頁），「本件自殺は，Ｘ教諭が『よかれ』と一方的に励ました『善意』が招いた悲しい出来事と言える。」（65頁）と述べられています。

　しかし，ここで考えたいことは，教員が悪いかどうか，という点ではありません。教員が悪くても，悪くなくても，自死で亡くなってしまう生徒を今後一人も生じさせてはいけない，という思いは変わらないはずです。

　そうであれば，どのような指導であれば，同じことが起こるのを防ぐことができるのか考える必要があると思います。ちなみに，家庭訪問は，通常，どのようなプロセスでなされるのでしょうか。

通常は事前に家庭訪問することや，日時，目的等を保護者に伝えた上で実施すると思います。特に本件のように，特別な事情があって家庭訪問をするときは，他の先生とも相談すると思います。先ほどのような調査報告書の評価がＸ教諭にとって酷であるとの意見もありますが，そもそも，あまり指導をされたことのない生徒にとって，家庭訪問をされたことで，プライドが傷つくこともあるかもしれません。今回のＸ教諭も，Ａさんが「失敗をした」という前提でコミュニケーションをしていますし，これはＡさんにとっては衝撃が大きかったと思います。

　その意味でも，今回のＸ教諭は，家庭訪問については，事前に連絡をして，その趣旨等についても伝えるようにすること，また，家庭訪問について本人がどんな影響を受ける可能性があるのか，他の先生と協議して十分に検討してから行く必要があったと考えられますね。

また，Ｘ教諭が家庭訪問の前に，他の教員とも相談することができれば，Ｘ教諭も今回の家庭訪問が適切かを慎重に検討

し，家庭訪問を思いとどまることもできたかもしれません。

　調査報告書が提言している再発防止策には含まれていませんが，家庭訪問の前に行うべき手続を明確にすることも再発防止策として考えられるかもしれません。

ちなみに，Aさんに対する，「部活も勉強もよく頑張っているので，これまでの自分を貫いていけばいい」という声掛けについては，調査報告書では「Aさんの気持ちや立場を理解しない不適切なもの」と厳しく批判されていますが，このX教諭の言葉についてはどのような印象を持ちますか？

そうですね，「部活も勉強もよく頑張っているので，これまでの自分を貫いていけばいい」という言葉は励ましのつもりで言っているのだと思います。

　調査報告書の事実関係を全部読めば，X教諭の言動が不適切であり，むしろ，家庭訪問の際も，励ますのではなく，本人の気持ちや言いたいことを聴き取った方が良かったのかなとも判断できますが，現場にいたときに同様に判断できるかどうかはあまり自信がありません。

　ただ，Aさんの性格は「挨拶をしっかりする，真面目で責任感が強く，一生懸命な優等生，几帳面で手抜きをしない等の評価を受けていた。」「『我慢強くストレスが溜まりやすかったかもしれない。』……と証言した生徒もいた」とのことです。さらに，「入学して約1か月後に実施された集団宿泊学習の研修終了時の挨拶担当や，他の生徒の生徒会選挙応援演説の担当や，体育大会で1500m走の選手に選ばれていた」ことについて，実はAさんは「母親や父親の前では，『何で俺が？』と不満を漏らすことがあった」とあります。

もしＸ教諭が大人の期待に応えるために頑張りすぎてしまうＡさんの性格をしっかりと認識できていれば，励ましの言葉が逆に本人を追い詰めることになる可能性にも気づけたかもしれません。

　Ａさんのような真面目な子だからこそ，不満をため込んでいないかどうか見極めることが重要ですね。一人で生徒全員の性格を把握するのは難しいことからすれば，その意味でも，他の先生と相談することが重要だったかもしれません。

　なお，調査報告書では，「本事案の核心の一端を示す発言」として，以下のＸ教諭の発言を挙げています。

　「もっともっと子どもたちには伝えたいことがある。」，「僕の捉えるＡの性格を考えたとき，しっかりと受け止めてくれて日記にも書いてくれる子なので，しっかり捉えてくれるだろうと。要は重く捉え過ぎないかというのがあって，彼が，よしまた頑張っていくぞという気持ちになるためには，お母さんとも話したほうがいいし，こういうことの指導がありましたという報告も兼ねて（家庭訪問をした）。」，「僕自身が伝えたいことを子どもたちに伝えるためには，もっともっと言葉が必要だったんじゃないかなって思う。自分があの時に話した言葉すべて，もう覚えているわけではないので，もっともっと子どもたちに，もっと前向きな気持ちにさせる，なにか話し方とかもあったんじゃないのか，どうすべきだったのか，もっとこういう話をしてあげれば，子どもたちが今回あったことはよくなかった（けど），次（は）こういう気持ちで友達と楽しく過ごせるようにしていこうと，そんなことを何度も何度も考えて……。」

　この発言から分かるように，Ｘ教諭も，Ａさんの性格もある程度把握していることを踏まえると，特に指導の方法について協議することが必要だったかもしれません。

POINT-⑩- 事後対応の問題点と調査報告書の活用 ⚫

○弁護士　今まで，Aさんの自死に至るまでの経過について検討しましたが，調査報告書では，Aさんの自死後の教育委員会の対応について合計で12点の問題点を指摘しています。ただし，ここでは，特に，そのうちの，「明確な判断材料がないにもかかわらず，市教委が一夜にして経緯を「いじめ」と断定したこと」という点について述べたいと思います。

　具体的には，Aさんが自死した当日，市教委（教育長）としては，Aさんの自死の原因を「いじめ」と断定していたわけではなく，「不明」と判断していました。しかし，翌日に開催された臨時校長研修会の記録には，「いじめに関する自殺」，「5人の子どもが1人の子どもをいじめた」「→いじめた側の子が責任を感じて自殺した。遺書有。」等と記されました。また，臨時校長研修会の質疑についての記録もあり，短く「Q.いじめという断定でよいか→よい。」と記載もありました。

　本来であれば，事実関係が不明確である以上断定はできないはずです。このような市教委の最初の判断が，後の「Aさんが『いじめた側の子』で『責任を感じて自殺した』ということが，地域に広がる大きな憶測の一つ」となったと考えられる，と調査報告書でも指摘されています。

P教員　翌日に「いじめ」の責任を感じて自死したと断定したのは不思議ですね。ただし，在校生の自死という全くの想定外の事態の中で，どう対応すれば良いのか分からなかったのかもしれません。実際に，このような事例を見ているからこそ，適切な対応とは何かを考えるきっかけになりましたが，このようなことがなければ，あまりに混乱して同じ対応をしていたかもしれません。

　ただし，市教委が最初にとった対応の影響は，確かにAさんやご家族

にとっては本当に耐えがたいものだったと思います。これは何としても避けなければならないですね。

 私の経験上，やはり問題が大きくなる場合には，学校側の初動の不適切さが影響していることが少なくありません。本件では，事実関係を明確に把握できていない段階で，いじめた側の子が責任を感じて自殺した，という判断をすべきでありませんでした。

　生徒の自死という重大な事態はそう頻繁に生じる訳ではありません。そして，このような事例は，ほとんど経験がないからこそ，調査報告書から学ぶことが重要ではないかと思います。

 本当にその通りですね。

 さて，最後は，この事案の調査報告書の再発防止策に向けた提言について議論したいと思います。

　調査報告書は，「Ａさんが死を選択せざるを得ない状況に追い詰められた経過を考察した結果，当該中学校における生徒指導を中心とした生徒への関わり方に大きな問題があると考えた。また，本事案発生後の当該中学校及び市教委の対応を見ると，『自らに不都合なこと』や『指導で欠けていた部分』も含めて，Ａさんが亡くなるまでの経過と事実に誠実に向き合おうとした姿勢は感じられなかった。」として，以下の６点の提言を行いました。

【提言1】市教委は本事案の発生及び事後対応について主体的な検証を実施し，結果を市のＷｅｂサイトに公表すること

【提言2】市教委は文科省に「自殺した児童生徒が置かれていた状況」について修正報告を行うこと

【提言3】学校において教職員は「生徒の立場」に立った共感的子ども理解に基づく生徒指導・生徒支援を実現すること

【提言4】学校において教職員は体罰（暴力）及び暴言その他生徒の尊厳を害する行為を行わないこと

【提言5】生徒の不登校は「問題行動」とは捉えずに共感的理解に基づく支援を行うこと

【提言6】本報告書を公表し活用すること

　自分の感覚からすると，特に「報告書の公表・活用」については，一般的にもあまり議論されてこなかったように思います。しかし，悲しい事件を二度と起こさないようにするためには，調査報告書の活用は極めて重要な問題だと思います。

　しかし，実際問題，教員の方々にとって，第三者委員会の調査報告書は，あまり身近なものとは言えないように感じていますが，いかがですか？

　正直，報道では第三者委員会の調査報告書が提出されたことはよく聞いていましたが，調査報告書の内容までしっかり読んだことはほとんどありませんでした。また，同様の事案が，自分の学校でも起こらないようにしなければとは思っていますが，具体的な事案まで踏み込んだ検討まではできていなかったですね。

　おそらく，意識的に時間を確保しない限り，実際にその内容を全部読み込めている教員はあまり多くないかなと思います。確かに，大部の報告書を全部読むことは，ちょっと大変かも

しれませんが，具体的な事実を追っていけば，教員の皆様にとっても学びになることが多いと思います。

確かに，自死という結果については非常に重大なものですが，その途中での出来事は，普段私たちもよく遭遇する出来事であることに大変驚きました。

　このように具体的事実を確認してから，再発防止策の提言を読むことで，特に，提言3～提言5は具体的にどのような行動を指摘しているのか，はっきりと理解することができたと思います。

本件の調査報告書でも，「本事案は当該中学校に特殊な問題ではない。一人ひとりの児童生徒を尊重することが十分にはできていない生徒指導が他校にも少なからずあるのではないだろうか」と述べられています。最近はスクールロイヤーの議論も活発化しており，まさに，このような調査報告書を用いた事例検討は，弁護士が得意としているところです。また，このような事例検討は，弁護士にとっても現場の教員の方々の意見を聴くことができる大変貴重な機会なので，ぜひ，積極的に検討会を開催していただきたいと思います。

そうですね。このように検討の時間をまとまってとれれば，日ごろの指導にも活かせると思います。

調査報告書を検討するポイントは，全部一度に検討せずに，事実を一つずつ分解して検討することです。例えば，この件の振り返りをするときには，「学校において教職員は『生徒の立場』に立った共感的子ども理解に基づく生徒指導・生徒支援を実現す

ること」「学校において教職員は体罰（暴力）及び暴言その他生徒の尊厳を害する行為を行わないこと」「生徒の不登校は『問題行動』とは捉えずに共感的理解に基づく支援を行うこと」という提言を読むだけでは，教員の皆様も，日々の実践に落とし込むことは難しいと思います。

　あくまでも具体的に，例えば，ある生徒が授業中に泣いて保健室に来た場合にどう聴き取りをするか，本人から話を聞いたときに複数の児童生徒から嫌がらせを受けたと聴いた場合にどう対応するか，というように検討することが重要だと思います。

具体的な場面の検討については，校長会や教育委員会主催の学校の研修等でも活用できそうな気がします。

具体的な事例の検討は，教員同士の学びも深まると思いますので，ぜひご活用ください。

Column：「スクールロイヤー」とは？

1. 学校現場と弁護士の関わり

　弁護士と学校の関わりは，実は様々な形態があります。①トラブルが起きた際の先生方へのアドバイス，②代理（連絡の窓口等），③教員の方々への研修，④児童生徒への出張授業，さらに，⑤いじめ重大事態の調査に関する第三者委員会等の機関の委員としての活動などです。このうち，スクールロイヤーと言われている活動は，主に①の活動です（他のどの内容が含まれているかは制度によって異なります）。

今まで弁護士と言えば，紛争が非常に深刻化した際に相談を受け，教育委員会や学校法人の代理として交渉したり，訴訟を対応したりすることが一般的でした。しかし，特に最近は保護者等からの過剰な要求があったり，いじめ防止対策推進法の制定等により学校現場に対して法的にアドバイスする必要性が高まってきたことも受け，トラブルの早期の段階から教員の方々に助言・アドバイスをする「スクールロイヤー」の制度が広まってきています。

2. 文部科学省・日本弁護士連合会の動き

文部科学省では，学校に対する過剰な要求や，いじめ対応のために弁護士の活用が提案されてきました。具体的には，文部科学省は2017年から2019年度にかけていじめ予防等のためのスクールロイヤーについて調査研究事業を行いました。他方，当該政策の実施を受けて，日本弁護士連合会も2018年1月18日に「『スクールロイヤー』の整備を求める意見書」が発表しています。

2019年3月には文科省による調査が行われましたが，その際，10年前と比較して法務相談が必要な機会が増えていると感じている割合が多いにもかかわらず教育委員会として弁護士に相談できる体制がない市区町村教育委員会が13％もあること，また，教育分野における専門性や，早期相談の必要性等の課題も明らかになりました。さらに，教員の長時間労働の問題や，虐待対応等の問題への対策も後押しとなり，2020年度からは域内の学校や市町村をサポートする都道府県・指定都市教育委員会の弁護士等への法務相談経費について，地方財政措置が取られました。当該制度は，いじめ，虐待，過剰要求等，幅広く学校における法的助言が必要な場合を対象としています。

文部科学省は，当該措置に基づく法務相談体制の構築の促進のため，日本弁護士連合会と連携し各教育委員会へのサポート体制を強化する

とともに，2020年12月に「教育行政に係る法務相談体制の手引き」を発表しました。

3. 具体的なアドバイスの内容と方法

　法務相談体制（スクールロイヤー制度）の目的は，「学校現場においては，事案が訴訟等に発展してしまう前に，初期対応の段階から，予防的に弁護士等に関わってもらうことで，速やかな問題解決につながったり，教職員の負担軽減」を図ることです。そして，当該手引きには，助言・アドバイザー業務の具体例として，11の事例を紹介しています。この事例に対するアドバイスとして記載されている内容は，先生方にも役立つ内容も多いかと思いますのでぜひご参照ください。

　スクールロイヤーは，ただ単に違法・適法を判断するだけでなく，教育的・福祉的観点も踏まえた具体的アドバイスをすることが想定されています。例えば，保護者の要望等が表面的には過剰又は不当な場合であっても，その背景には学校の当初の不適切な対応をすることもありますし，また，その家庭が困難を抱えており福祉的な支援が必要なこともあります。なお，担任の先生が直接スクールロイヤーに対して相談をすることができるか否かは，制度によって異なります。制度によっては，校長等の管理職が窓口になったり，教育委員会が窓口になったりするからです。

　実際の各地の事例について，具体的な数字が明確に出ているわけではありませんが，実際に相談として多いのはいじめ，学校事故，保護者対応の分野です。そして，このような具体的な対応を考えるにあたっては，本書のように，裁判例や第三者委員会等の事例に基づき教員と弁護士が議論し，お互いの専門性を適切に理解し学び合うことが非常に重要です。弁護士も，教員の皆様も，ぜひ，それぞれの専門性を学び合うために，積極的にコミュニケーションをとっていただくことを期待したいと思います。

事例に対するまとめ

　本件は,「いじめ」行為の疑いが生じた場合の,指導のあり方について考えさせられる内容です。特に,いじめ防止対策推進法では,いじめの定義が広くなっている中で,必ずしも社会通念上非難されるべきではない行為にまで「いじめ」に該当してしまう結果,教員が強い指導をしてしまう事例が問題となっています。

　90頁以下の桐生市の事例では,十分な指導ができず,いじめを止めることができなかったことにより自死が起きてしまいました。これに対し,本件は,教員による過剰な指導が子どもを追い詰めてしまった例であり,対照的な事例と言えます。

　本件は特に生徒指導のあり方について考えを深める上で極めて有用です。本件の議論・対話における,弁護士,教員にとってのポイントを以下にまとめました。

【弁護士】

・常に一人ひとり話を聴いて指導することが難しい場合もあること

・正確な事実確認のためには教員同士で連携して事実を確認する必要があること

・本人が納得していない場合は,まずは,思っていることを書かせ,話をよく聞き,納得を得ること等が考えられること

【教　員】

・事実の確認が不十分な状況で指導を行うと,生徒が不満を持つことになり効果的な指導にならないこと

・家庭訪問をする場合,本人に与える影響をよく考えて,事前に連

絡する等必要な対応をすべきこと
・ 熱心に指導をしている場合であっても，過剰な指導が子どもを自死に追い込んでしまうこともあること

さらに理解を深めるために

　本件では，生徒指導のあり方や，いじめ防止対策推進法の「いじめ」の定義の広さが問題となりました。さらに，これらの問題を深めたい方々は，以下の資料をご参照いただければと思います。

生徒指導の方法について

▶文部科学省「生徒指導提要」（平成22年3月）

▶『月刊生徒指導』（学事出版）

裁判例における学校のいじめへの対応の評価について

▶鬼澤秀昌「いじめ防止対策推進法から見るいじめ問題への学校の対応の在り方」（『スクール・コンプライアンス研究』第8号18頁）
https://c09d5838-a69a-47d0-9f2f-5d5869741f2b.filesusr.com/ugd/5f2048_559e119ccc1e49699730f9656720d28e.pdf

第2章

桐生市
小学生いじめ自死事件
（前編）

第2章 桐生市小学生いじめ自死事件（前編）

事案の概要

　本件は，群馬県桐生市にある市立小学校（以下，「A小学校」といいます）に通う小学校6年生の女子児童（以下，「児童X」といいます）が，平成22年10月に同級生からのいじめを苦にして自死（本書では，基本的に「自死」という言葉を使用しますが，判決文の引用の部分のみ「自殺」という言葉を使用します）した事案です。児童Xの両親は，校長や児童Xの小学6年生のときの担任（以下，小学校4年生の時の担任を「担任」，5年生の時の担任を「担任2」，6年生のときの担任を「担任3」とします）がいじめを防止せず，自死を回避する措置を講じなかったこと，桐生市が自死の原因等の調査報告において不誠実な対応をとったことについて，群馬県と桐生市を相手として，損害の賠償を求める訴えを提起しました。

　前半の第2章では，児童Xが自死に至るまでの学校の対応について，後半の第3章では，児童Xの自死の後の学校の対応について扱います。

　この判決では，児童Xが小学校4年生のときにA小学校に転入してから自死するまでの詳細な事実経過が検討されています。特に，小学校6年生のときの学級崩壊の状況についても詳しく認定している点が特徴的です。結論としては，A小学校（校長及び担任）にはいじめに対応する

義務があったにもかかわらず，対応が不十分であったと判断しました。仮に本件と同じような状況に陥ったときに，学校では，どの時点で，誰が，どのような対応をするべきかについて検討することで，具体的な対応方法だけでなく，判決の判断の妥当性も検討することができます。

※本件は，最終的には，平成26年9月30日に東京高等裁判所で和解が成立し，終結しました。

ひと目で分かる人物関係図

【時系列】
1 平成20年　小学校4年生の児童XがA小学校に転入（p.94）
2 平成22年4月　児童Xが6年生に進学，担任3となる（p.97）
3 4月～　「臭い」，「気持ち悪い」，「きもい」等の悪口（p.99）
4 6月　児童Xのクラスは，授業中，消しゴムが飛んでいるなど落ち着きがない状況（p.98）
5 8月　児童Xのクラスの状況を踏まえ，校長が担任3を対象として学級経営アセスメント研修を実施（p.98）
6 9月　教室が非常に汚い等，担任3の統制がきかない状態，交換授業やチームティーチングを導入（p.98）
7 9月28日～10月18日　給食の時間における仲間外れ（合計9回）（p.101）
8 10月21日　校外学習への参加（p.103）
9 10月23日　児童Xの自死（p.106）

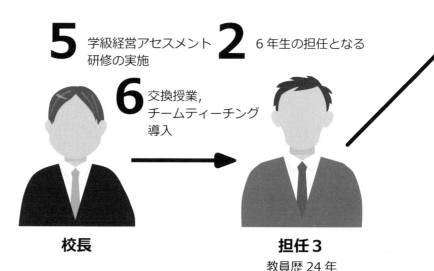

5 学級経営アセスメント研修の実施　**2** 6年生の担任となる

6 交換授業，チームティーチング導入

校長

担任3
教員歴24年

母
フィリピン国籍

9 **10月23日　自死**

児童 X

1 4年生の2学期にA小学校に転入，
4年生のときからいじめがあった

3 5年生の時から「汚い」「臭い」
ということがあったが，
6年生になるとエスカレート

4 6月くらいから
クラスはさらに
落ち着かない状況

7 給食の時間，
クラスメイトの
仲間に入れてもらえず，
一人で給食を食べる

8 校外学習への参加を
拒否したものの，
説得され嫌々参加した。
しかし悪口や
お弁当を一人で食べる
ということがあった

＊6年生時の児童X，
児童1，児童3ほか
は，全て担任3の
受け持ちクラスの生徒

児童 1

児童 3 ほか…

本事案に関する事実関係

※本件に関して各種報道はありますが,「事実関係」は, あくまでも前橋地方裁判所平成26年3月14日判決・判例時報2226号49頁の認定した事実に基づいています。また, 判決の事実関係は長文となるので一部省略しています。

1 児童の家庭環境・学校の体制

　児童Xの家族構成は, フィリピン国籍を持つ母親, 血縁, 養子関係のない父親(児童Xには実父がいるが,認知はされていない),妹の4名だった。児童Xは, 4年生の2学期にA小学校に転校してきたが, 転入前にいじめが顕在化したことはなかった。勉強についても, 特に問題はなく, 運動や絵を書くことが得意だった。なお, 児童Xと妹は, 治療はしているものの, 虫歯が多く, A小学校の学校歯科医師は, 平成22年の歯科検診後, 校長に対して, ネグレクトを疑ったほうがよいのではないかと話したこともあった。

　児童Xの母親は, 平成5年頃に来日し, 日本語での会話は可能だが, 日本語を書くことはできず, 込み入った話を日本語で行うことも難しいという状況だった。両親共に働いており, 妹の具合が悪いときには面倒を見るために児童Xも学校を欠席することがあった。児童Xの4年生時及び5年生時における通信簿の各学期の「家庭から」の欄には, いずれも全く記入がなく, 両親は, 市税, 国民健康保険税, 家賃に加え, 給食費も滞納している状況だった。

　A小学校における体制としては, まず, 職員会議のほかに生活指導部会を開催しており, その中に, 生徒指導部会と教育相談部会等を設け, 学校を頻繁に休んだり問題行動を起こしたりする児童や家庭環境が複雑で生活リズムが乱れている児童を配慮児童として, どのように指導助

言すればよいか話し合い，配慮児童について，無断欠席や無断遅刻があ
れば，学校カウンセラーや教諭等が自宅に連絡したり，訪問したりして
いた。生徒指導部会と教育相談部会の構成員は，校長，教頭，教務主任，
生徒指導主任，教育相談主任，特別支援主任，学年主任であり，必要に
応じて，担任，養護教諭，学校カウンセラー，生活指導員も加わり，定
期的に会議を開催していた（両部会は，平成22年4月に統合され，生
徒指導報告が口頭で行われていた。）

　また，A小学校には学校カウンセラーがおり，児童Xが5年生のとき
はカウンセラー1, 2が, 6年生のときはカウンセラー3が勤務していた。

2 4年生〜5年生時の状況

　児童Xが5年生になってからの出来事は，次の通りである。

〔平成21年4月13日〕
担任2に提出する連絡帳に「5年生は，みんなが優しくていじめのない
生活が続きました。4年生のときに少しいじめられていたから5年生に
なったらもっといじめられるかと思いましたが全然いじめがなくなりま
した。これからが楽しみです。」と記載した。担任2はこの連絡帳の記
載に花丸をつけて，特にコメントをせず返却した。

〔平成21年6月12日〕
父親が担任2に対し，児童Xが，「他の児童から嫌なことを言われるか
ら学校に行きたくない」と言っていると伝えたため，担任2は児童Xに
対し確認を行ったところ，児童Xは，「後ろの席の児童に臭いと言われた」

と話した。

これを受けて担任2は，児童Xの後ろの席や隣の席の児童に確認したが，児童Xのことではなく別の児童のことを言った，とのことであったため，「誰のことでも人が傷つくようなことは言わないように」と指導した。児童Xに対しては，児童Xのことを言ったのではないと伝え，児童Xからは「分かった」との返事を得たため，その旨を校長に報告した。

 POINT-①- このときに担任は他にどのような方法で指導することが考えられるでしょうか？

また，児童1は，児童Xに対し，「汚い」，「臭い」と言うことがあった。

〔1学期末〕
児童Xは，「一学期を振り返って」という作文において①「あまり楽しくなかったです。理由は，心に傷つくことを言われたからです。例えば本読みを忘れたときに，学校で書いちゃだめだよって言っているのに，自分は「意味プリ」を忘れて，人のを見て，うつしていました。なのに，人に言うなんておかしいと思いました。」と記載した一方で，②「楽しいことはみんなと遊ぶことです。一番楽しいことは，全員と遊ぶお楽しみ会です。なぜかと言うと全員と遊ぶとなぜかうれしくなるんです。なので，2学期もお楽しみ会でたくさん遊びたいです。」と記載した。担任2は，この作文のうち，①についてはコメントせず，②については「2学期も楽しいお楽しみ会をやりましょう！！」とコメントした。

この他，担任2は，児童Xについて，教育相談部会や生徒指導部会において，プールに妹と2人だけで遊びに行き迷子になってしまったこと，

後ろの座席の児童に臭いと言われたり，保健委員会で仲間はずれにされたりしたため，学校に行きたくないと言っていたことがあったこと，筆箱やお年玉を盗ったことを報告していた。

　なお，教育相談部会では，平成21年2月頃に，児童Xと妹の欠席が多いことが問題になり，その原因が，病気によるものだけではなさそうであったため，要配慮児童として，児童Xと妹が連絡なく遅刻欠席した場合は，学校カウンセラーや生活相談員が迎えに行くこととなっていた。

　児童Xが6年生に進級するに際しては，5年生時の担任から新しい担任に対して，「5年生の初めは欠席が多かったが，3学期には欠席がなくなってきたこと，筆箱やお年玉を盗ってしまった児童とは別のクラスにしたこと，児童Xが仲良くしていて面倒をよく見てくれる児童2を同じクラスにしたこと」について引継ぎがされていた。また，学校カウンセラーは平成22年の4月からはカウンセラー3が担当することになり，児童Xについて，カウンセラー1，2からカウンセラー3に対しては，「生活が夜型，無断欠席無断遅刻が多い」との引継ぎがされていた。なお，児童Xは，6年生時には学校カウンセラーに相談をしたことはなかった。

POINT-②- 本件の児童Xのようないじめを受けている可能性のある児童について，引継ぎの際には，特にどのような点を配慮すべきでしょうか？

POINT-③- 児童Xの母親が外国人であることを踏まえ，どのような点を配慮すべきでしょうか？

3 6年生時における学級崩壊の状況

　児童Xが6年生時に在籍していたクラスは，いわゆる学級崩壊の状況

にあり，具体的には以下のような状況だった。

▼

　4月の全校集会の時点で，真っ直ぐ並ぶこともできず，話を聞いていない状態であった。

　授業の始めと終わりの挨拶をせず，授業中の出歩き等もあった。

　このクラスは，他の教諭からも，出歩きや私語が多く，落ち着きがないと指摘されている状況であり，6月の学校訪問日では，終了間近になると消しゴムが飛んでいる状況であった。

　校長は，8月に，担任3を対象とし，①学級の現状を把握し，②問題点を焦点化し，③実態から手立てを考え，④手立てをまとめる学級経営アセスメント研修を実施した。

　9月頃には，教室が非常に汚く，乱れていることが多くなり，児童が授業中に立ち歩く等，担任3の統制がきかない状態になり，数名の児童が，他の教諭に対し授業にならないことがあると相談したこともあった。

　クラスの児童の学習態度や担任3への態度が改善せず，エスカレートしていく一方であったため，9月より交換授業やチームティーチングを導入した。

　担任3は，教諭歴24年であり，このクラスを担当するまでに学級が荒れたことはなく，指導方法や学級運営について問題が生じたこともなかった。

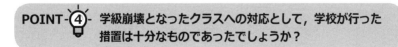

POINT 4 学級崩壊となったクラスへの対応として，学校が行った措置は十分なものであったでしょうか？

④ 6年生時におけるいじめの状況（悪口）

　6年生時に児童Xが言われていた悪口の内容とそれに対する対応は以下の通りである。

（悪口の内容）

　児童1は，児童Xに対し，1学期から，週に1，2回，「臭い」と言い，児童Xが近くを通ったときや，自分が後ろを通ったときに「汚い」，「きもい」，「うざい」と言い，周囲の児童に対し，児童Xの頭を見て，こそこそと「ふけがいっぱいある」と言っていた。

　児童1は，児童Xのことを，本人の前では，「児童Xさん」，たまに愛称で呼び，本人のいないところでは呼び捨て，「ゴリラ族」と言っていた。

　児童3も児童Xに対し，1学期の初めころから継続的に，「気持ち悪い」，「きもい」等と言い，「臭い」，「こっちくるな」と言って，児童Xが近くに来たときは嫌そうな顔をしたこともあった。また，「バカ」，「原始人」，「汚い」，「臭い」，「近寄るな」と言い，すれ違いざまに，「あっちいけ」と言ったこともあった。

　児童3は，1学期が始まってすぐ，児童Xのことを仲間内で，名字とゴリラの「ゴリ」を合わせて「○○ゴリ」と呼ぶようになり，そのように呼ぶと周りの児童が笑い，児童1も「○○ゴリ」と呼んでいた。

　クラスの他の数人の児童も児童Xに対し，「ばい菌」，「きもい」，「うざい」，「あっち行け」と言い，児童Xについて「加齢臭がする」と言う児童もおり，女子児童が「暗いよね」と教室やトイレ，廊下で言っていた。また，1学期のコース別授業の際，児童Xの隣に座ろうとした別クラスの児童に対し，「隣に座らない方がいいよ」と言った児童

もいた。クラスの児童には，児童Xが学校を欠席した日や翌日に，児童Xに聞こえる可能性のある言い方で，「何で出かけているんだよ」と言った者がいた。

（両親及び学校の対応）

　児童Xは，担任3に対し，児童1に何か嫌なことを言われたと2，3回訴え，児童3等から悪口を言われると相談し，担任3は，児童1や児童3等に対し，そういうことは言うものではないと指導したが，児童1や児童3等の保護者に連絡をしたことはなかった。

　母親は，児童Xに対し，「悪口を言われていることを担任3に言いなさい。」と言ったことがあったが，児童Xは，「先生もいじめられているから言えない。」，「先生はみんなにばかにされているから無駄」と答えていた。

　父親は，担任3に対し，1学期，電話で話している際，児童Xがクラスの児童から嫌なことを言われているようだと相談し，早退のために迎えに行った際にも同様の相談をしていた。

 POINT-⑤ 特定の児童が悪口を言われている状況について，早期に察知するためにはどのような対応が必要でしょうか？
児童Xへの悪口がエスカレートしている状況で，担任3による状況の改善が難しい場合には，学校としてはどのような対応が考えられるでしょうか？

5 6年生時におけるいじめの状況（給食）

児童Xは，6年生の2学期に入ってから，給食時に仲間外れにされて
おり，具体的には以下のような状況だった。

▼

9月28日から，クラスの児童は，勝手にグループごとに机を寄せ
て給食を食べるようになった。児童1は，席を女子3人グループの他
の児童のそばに移して食べ，担任3や周囲の者が注意してもきかな
かった。

児童Xは，誰からも一緒に食べようと声をかけられず，自らも声を
かけなかったところ，どのグループにも入ることができず，一人で給
食を食べることになってしまった。担任3は，その後も本件クラスの
児童の勝手な行動を是正せず，グループごとに給食を食べる状況が
続いた。

ある児童は，児童Xから「グループにまぜて」，「だめだと思うが一
応聞いてみて」と言われ，児童1に尋ねたが，「だめ」と言われて，
そのままになってしまっていた。クラスの女子はほとんど児童1のい
うことを聞いてしまう，注意すると，変なことを言われるので黙って
おこうということになる状況になっていた。

9月29日，30日，翌週の10月4日から同月6日までの間も，児童
Xは1人で給食を食べた。児童Xは，7日及び8日に欠席し，12日及
び13日も一人で給食を食べた。一人で食べる児童Xの表情は暗かった。
母親が児童Xに対して，励ます意味で「一人ぼっちでもいいじゃない。」
と言うと，児童Xは「一人じゃイヤなんだ。」と言っていた。担任3は，
クラスの児童に対し，班ごとに給食を食べさせ，児童Xが一人で給食
を食べることのないようにするため14日，席替えを実施した。児童

Xは、この日は班で給食を食べたが、15日には、再び一人になって
しまいそうであった。そのため、担任3は、クラスの児童に対し、「児
童Xちゃんが一人になっちゃうよ。」と言ったところ、児童2が児童X
と一緒に給食を食べた。クラスの児童が、担任3に対し、「席替えを
するのは児童Xが一人で食べているからか。」と尋ねたが、担任3は、
「そういう訳ではありません。」と答えた。

　児童Xは、18日、再び一人で給食を食べることになってしまい、
担任3から「一人になってしまったけど、がんばっているね」と声を
かけられ、19日及び20日は欠席した。

　児童Xのほかに一人で給食を食べていた児童はおらず、本件クラス
の児童は、児童Xが一人で食べているのを見て、あちこちで「よく一
人で食べられるよね。」とひそひそ声で話していたことがあった。児
童Xが一人で食べていることに気付いても声をかけることができな
かった児童や、児童Xは入れてといえない様子だったと言っていた児
童もいた。

　担任3は、教室内でクラスの児童と一緒に給食を食べていたため、
このような状況を認識していたが、一人で給食を食べることになった
経緯を調べたり、児童Xに対し、一人で食べる気持ちを聞いてフォロー
したりすることができず、他の児童に一緒に食べるよう声かけするこ
とも一度しかできず、グループごとに食べることを止めさせることも
なかった。

 POINT 6 給食を一人で食べている状況において、担任3はどのよ
うに対応すべきだったでしょうか？ また、担任3による
状況の改善が難しい場合には、学校としてはどのような
対応が考えられるでしょうか？

⑥ 6年生時におけるいじめの状況（校外学習）

児童Xが，6年生時に参加した校外学習の状況は以下の通りだった。

〔平成22年4〜5月〕

担任3は，修学旅行の班分けをする際，児童Xが一人になりそうであったため，クラスの児童に対し，児童Xが一人になることのないよう班分けをさせた，ということがあった。

〔平成22年10月19日，20日〕

児童Xは，「給食で一人ぼっちになっておりもう学校に行きたくない」と言っていたため，父親は，学校を欠席させた。なお，担任3が父親に対し，電話で校外学習（裁判所，群馬県庁の見学）への参加を確認したところ，児童Xは，「給食もないし，一人ぼっちにならないかな。」と言って参加する意向を示した。

なお，学校では，児童1が，19日，学校を欠席したにもかかわらず児童Xをレンタルビデオショップで見かけたと思い，20日に，自分の席について大きな声で，「昨日児童Xが休んだのにレンタルビデオショップにいた。」と言っていた。

〔平成22年10月21日〕

（集合〜校外学習出発まで）

　児童Xは，児童1や児童3を含む本件クラスの児童数人から，「校外学習の日だけ学校に来るのか。」，「2日も休んで何で今日来られるんかね。」と皆に聞こえるように言われた。

　児童1は「何でこんな時だけ来るんかねえ。」といろいろな人に言った。

児童4は,児童Xが校外学習だから来たと思っており,児童1から「何でこんな時だけ来るんかね」と尋ねられ,「ねー」と言った。

　児童Xは,教室で出席確認等した後,教室を出るのを渋り,その理由について,担任3や養護教諭,事務主任に対し,「児童1らから『何でこんな時だけ来るのか』等と言われたから,校外学習に行きたくない。」と話して泣いた。

　担任3は,既に整列していた児童に対応するため,児童Xを養護教諭と事務主任に任せ,教諭達は児童Xをなだめたり励ましたりしながら玄関へ向かって歩いていた。

　その後,児童Xは,他の6年生の児童が来たため影に隠れたところ,教務主任から出発時刻が迫っていると告げられたが,「いつも一人で給食を食べている。こんな学校はもう行きたくない。大嫌いだ。」と大声で泣きながら訴えて,動こうとしなかった。

　児童Xを自宅に迎えに行ったこともある事務主任が,これまでにみたことのない姿であると言ったため,養護教諭は,これでは行けないかもしれないと思って,校長に言いに行ったが,校長は,玄関まで来て児童Xを説得し,児童Xは教務主任に手をひかれて整列場所に行き,泣きながら列に並んだ。

　児童Xは,駅のホームでも泣いており,児童1に対し,泣いているのは児童1のせいだと言った。

（昼食時）

　児童Xは,昼食を一人で食べ,近くで担任や教務主任が一緒に食べた。

　児童5は,児童Xが同児童や児童1らが一緒に食べている方を見ていたため,「なんでこっち向いてるん。Xさんのことを言ってるんじゃないからこっち見ないで。」と強く言った。

（校外学習の最中）

　クラスの児童1や児童3，4を含む数人の児童は，校外学習の最中も児童Xのことを，「きもい」，「うざい」，「ゴリラ」，「向こう行け」と言った。

　児童1を含む女子3人グループは，「何でこんな日ばっかり来てんだよ」と何度も言い，周囲の者にも児童Xにも聞こえていたが，クラスの児童らは誰も止めず，引率の教諭にも言わなかった。

　校長は，校外学習を通して，一斉行動をする全体を見てはいたが，児童Xに対しては，「お昼は食べられた？」と一度聞いただけであり，児童Xの様子には気付いていなかった。

（帰校後）

　担任3は児童1に対し，児童Xに対する朝の言動について確認すると，児童1は，「うん，だって学校を休んでも夕方，公園なんかで遊んでいることがあったんだよ。」と話したため，「言われた人の気持ちを考えて話そう。」と指導した。

　担任3は，児童Xに対し，児童1に対する指導が終了した後に声をかけようと考えていたが，児童Xが児童1に指導している間に帰ってしまったため，話ができなかった。

　児童Xは，両親に対し，校外学習から帰宅した際，「児童1に『休んでるのに何でこういうときだけ来るの。』と言われた。電車の中でも泣いていてはずかしかった。校外学習に行かなきゃ良かった，弁当も一人で食べた。」等と話した。

　父親は，担任3に対し電話をかけ，児童Xが給食を一人で食べていること，嫌なことを言われて辛かったようであること，今までも何か言われることがあったようだと話し，これに対して担任は，「相手の

児童は，人の気持ちを考えずに発言してしまうことがあるため指導する。」と答えた。

担任3は，校長に対し，帰校後に，給食の際に班が乱れて好きな者どうしで食べることになってしまい，児童Xが一人で食べることになってしまった等と報告したため，校長は担任3に対し，列ごとに前を向いた状態で給食を食べさせるよう伝えた。

〔平成22年10月22日〕

児童Xは学校を欠席した。両親は仕事に行き，妹も学校に行っていたため一人で留守番していた。両親，児童X，妹は，午後7時過ぎ，ホームセンターとレンタルビデオショップに行き，児童Xは，子ども向けの漫画のDVDを1枚借り，午後9時過ぎに帰宅した。

なお，担任3は，午後6時頃，児童X宅に電話をかけたが，誰も出なかったため，午後7時30分頃，自宅を訪問したが，留守だった。両親と児童Xはこれを知らなかった。

〔平成22年10月23日〕

児童Xは，午後0時頃，自分の部屋で自死を図り，午後1時12分頃死亡した。

児童Xの遺書は無かった。また，自死した日は土曜日だった。

POINT-⑦- 校外学習及びその後において校長及び各教員はどのように対応すべきだったでしょうか？

POINT-⑧- また，校長を含め，学校としてはどのようなサポートが必要でしょうか？

POINT-⑨- 本件について，どのような再発防止策が考えられるでしょうか？

教員×弁護士　議論

前提の解説 💡 安全配慮義務

O弁護士

事例の議論に入る前に，学校や教育委員会に責任があるかどうかについて，裁判所がどのような方法で判断しているかという点を簡単に解説します。本件を含め，いじめに関連する多くの訴訟で争点となっているのが「安全配慮義務」です。

P教員

研修等で「安全配慮義務」という言葉は聞いたことがあります。そもそも，前提として確認したいのですが「安全配慮義務」とは何でしょうか。

O弁護士

「安全配慮義務」は学校事故等においてよく問題となりますが，法律の条文に「安全配慮義務」が定められている訳ではありません。これは，判例上認められている義務です。

　まずは教科書的な説明をしますと，「安全配慮義務」とは，「学校における教育活動及びこれに密接に関連する生活関係における児童の安全の確保に配慮すべき義務」，「特に，児童の生命，身体，精神，財産等に大きな悪影響ないし危害が及ぶおそれがあるようなときには，そのような悪影響ないし危害の現実化を未然に防止するため，その事態に応じた適切な措置を講じる一般的な義務」を指します。非常にひらたく言えば，学校生活の中で，児童生徒たちにとって危ないことがあれば，その危険を防がなければならないという義務です。

Q教員

なるほど，確かに，児童生徒に危ないことがあったらそれを防がないといけないと思っていましたが，それが法的義務と

されているのですね。

O弁護士　ただ，「安全配慮義務」は抽象的な義務なので，イメージしにくいかと思います。実際の裁判における判断では，ⅰ具体的な危害又は当該危害が生じるおそれがあり，ⅱ当該危害又は当該危害が生じるおそれを認識した時点で，ⅲ具体的な義務が定められることになり，その具体的な義務に違反し，その義務違反により損害が発生したと認められた場合に，学校（教育委員会・学校法人）が「安全配慮義務」に違反した，と判断されることになります。これにより，法律的な言葉でいえば，国家賠償法に基づく責任（私立学校の場合は，不法行為又は債務不履行責任）を負うことになります。

　つまり，具体的なリスク（いじめにより傷付くこと，また，それにより自死してしまうこと等）が発生し，それを認識又は認識し得た時点で，初めて具体的な義務（いじめをやめさせたり，いじめられている児童をケアする等）が発生するということです。そのため，判決では，ⅰどのような行為（リスク）があったのか，ⅱそれを教員等は認識できたか，ⅲ認識できたとしたら教員はどのような具体的な義務を負うのか，という枠組みで判断されます。

P教員　分かりました。危ないことを防ぐという点について，日常の教員としての仕事の中で当然のこととして対応していましたが，法的義務になるとまでは，あまり意識してませんでした。

S弁護士　まさに，おっしゃる点は非常に重要なポイントです。教員の

皆さんは，適法であることは当然の前提として，教育的に適切か否か（図2-1の①の境界）を意識しているのではないのでしょうか。

　この議論を通じて②のみならず，①についても議論して，より良い指導につなげていくことが目標です。弁護士は裁判等を通じて②の区別を把握していますが，①の区別は，まさに教員の皆さんの専門性の部分だと思います。本件においても，弁護士から②の知見を，教員から①の知見を提供し合うことによって，学び合うことができればと思っています。

図　2-1　教育的境界線と法的境界線

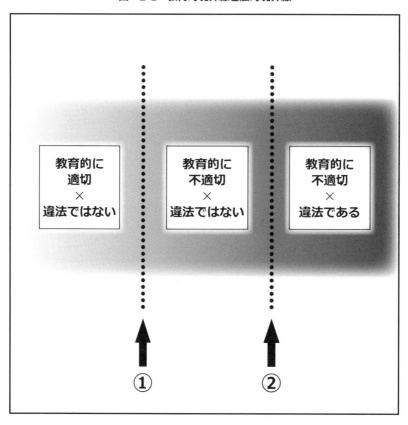

POINT-①- 小学校5年生までの対応

O弁護士

本件では，児童Xは小学校4年生でA小学校に転校してきました。95頁～97頁にあるように，その後，児童Xは小学校4年生～5年生のときにもいじめを受けていたようです。

　児童Xが小学校5年生のとき，児童Xの母親が，児童Xの当時の担任である担任2に対して，児童Xが，他の児童から嫌なことを言われるから学校に行きたくないと言っていることを担任2に伝えました。これを踏まえ，平成21年6月12日に，担任2が児童Xに対して確認をしたところ，児童Xが，担任2に対して，後ろの児童から臭いと言われたことを話しています。

　そこで，担任2が児童Xの後ろの席にいる児童等に確認をしたところ，当該児童は，別の児童のことを言ったとのことでした。そのため，担任2は，後ろの席の児童等に対し，誰のことでも傷つくようなことは言わないように指導しました。そして，児童Xに対しても，当該児童は児童Xのことを言ったのではないと説明をしました。

　この小学校5年時のいじめへの対応について，裁判所は，以下のように評価しています。

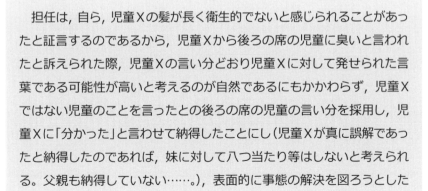

　担任は，自ら，児童Xの髪が長く衛生的でないと感じられることがあったと証言するのであるから，児童Xから後ろの席の児童に臭いと言われたと訴えられた際，児童Xの言い分どおり児童Xに対して発せられた言葉である可能性が高いと考えるのが自然であるにもかかわらず，児童Xではない児童のことを言ったとの後ろの席の児童の言い分を採用し，児童Xに「分かった」と言わせて納得したことにし（児童Xが真に誤解であったと納得したのであれば，妹に対して八つ当たり等はしないと考えられる。父親も納得していない……。），表面的に事態の解決を図ろうとした

と評価できる。担任2は，指導はするものの，都合の悪いことにあまり目を向けず，抜本的対策を取ろうとしない，真の問題解決を回避する行動傾向が顕著であり，それは担任2の証言態度にも表れている。

そして，このような担任2の指導の影響について以下の通り述べています。

▼

「担任2は，児童Xに対して，A小学校においては，教諭にとって都合の悪いことは，あえて存在しないものとして扱われるとの印象を与えていた可能性，及び「臭い」と言った児童らに対して，「児童Xのことを言ったのではない。」などと話をすり替えれば，簡単に言い逃れが可能であり，叱責や注意が軽くなるといった学習をさせてしまった可能性がある。」

ただし，裁判所は，最終的には，「このような悪口を言われた頻度は高くなく，顕在化した部分については，担任2がその都度対処し，校長にそれぞれ報告していたことを踏まえると，校長が具体的に児童Xの精神的苦痛を取り除くための措置を講じる義務があったということはできない」と判断しました。

少し長くなってしまいましたが，裁判所は，小学校5年生の時点では，悪口が恒常化しておらず，特別の対策が必要な段階に至っているとまではいえない，把握したものについてはその都度担任2が適切に対応していた，と判断しています。他方で，学校に何か義務違反があるわけではなかったと判断したものの，担任2の対応について「簡単に言い逃れが可能であり，叱責や注意が軽くなるといった学習をさせてしまった」可能性があると批判しています。確かに，法的な義務が発生するレベルとまでは言えないとの判断であれば，裁判所のこの点についての判断は特

に異論はありません。ただ，実際，もし同様のことが起こったら教員の皆さんはどのように対応しますか？　また，逆に，担任2がこのように対応せざるを得ない事情はどのようなことが考えられるでしょうか。

P教員　確かに，加害児童の側の言い分を前提にそのまま指導するのは，良くないかと思います。ただ，担任2としては「臭い，というのは児童Xのことを言ったはずだ」と言ってしまうと，逆に児童Xを傷つけてしまう可能性が高い気がします。もし，ある児童に対し，他の児童に「臭い」という悪口を言ったか確認したところ，その人に言った訳ではない，という反論をしてきたとします。そのような場合，まずは，誰に対して，なぜそのような言葉を言ったのか必ず聞くようにすると思います。そこで合理的な反論ができなければ，嘘である可能性が高いからです。

　もし，後ろの席の児童が合理的な理由が説明できないにもかかわらず児童Xに対して言ったことを認めない場合には，仮に児童Xに対して言ったわけでないとしても，児童Xが傷ついてしまったことを説明し，謝罪させると思います。

S弁護士　なるほど，指導をするにあたっても，本当のことを言っているか怪しい場合には，しっかりと詰めて児童の話を聞くということですね。ただし，本当に児童Xに言っていないにもかかわらず，児童Xが言ったことにして指導するのは問題があることから，児童Xに謝罪させる指導の仕方にも十分に注意する必要があるかもしれません。十分な事実確認をせずに指導することの問題は第1章でも検討した通りです。

　ちなみに，本件では，担任としても児童Xの衛生面について気になっ

ていたとあります。このような場合はどのように対応しますか？

さすがに，教員の立場で風呂等に入るように児童Xを指導することは難しいので，もしそのような状況になったら，スクールソーシャルワーカー等に相談するかもしれません。特に，本件では，虫歯の状況からネグレクトも疑われたとの判断もされているようですので，児童Xをサポートしていたソーシャルワーカー等もいたのではないかと思います。もし，衛生面で気になる児童がいる場合には，いじめの対象にもなりやすいことから，特に注意をして見ていくことになると思います。

ちなみに，現在，いじめ防止対策推進法が施行されていますが，この場合に，何か裁判所の判断が変わることはありますか？

まさに，このような場面で福祉との連携が重要になってきますね。
　いじめ防止対策推進法についてですが，おっしゃる通り，この事案については，同法施行前に起きたものです。現在同様の事案が起きたら，いじめ防止対策推進法が適用されることになります。したがって，担任2は，児童Xから話を聞いた時点で，事実を調査し（同法23条2項），いじめがあったことが確認された場合には，被害児童等への支援，加害児童等への助言をしなければなりません（同条3項）。また，具体的な指導については，学校に設置されたいじめ防止等のための組織でその対処等をすることになるかと思います。ただし，その前に，生活指導部会や教育相談部会で検討することも十分にあり得ると思います。本件で

は，一応，担任は，児童Xの申出を受けて，事実関係を発言した児童に確認していますので，必ずしも十分とは言えないかもしれませんが，これで法律上の義務を一応は果たしていたと言えると思います。

　なお，いじめが解消したと言えるためには，3か月間いじめの行為が継続していないこと，被害児童の心身の苦痛が継続していないことが要件となっています（いじめの防止等のための基本的な方針，30頁）。そのため，児童Xについても，3か月間は，継続して経過を見ていく必要がある点には留意する必要があります。

○弁護士 裁判所は，児童Xが小学校5年生から6年生に進学する際の児童Xに関する教員の引継ぎについて，以下の通り認定しています。

児童Xが6年生に進級するに際しては，5年生時の担任から新しい担任に対して，「5年生の初めは欠席が多かったが，3学期には欠席がなくなってきたこと，筆箱やお年玉を盗ってしまった児童とは別のクラスにしたこと，児童Xが仲良くしていて面倒をよく見てくれる児童2を同じクラスにしたこと」について引継ぎがされています。また，学校カウンセラーは平成22年の4月からはカウンセラー3が担当することになり，児童Xについて，「生活が夜型，無断欠席無断遅刻が多い」との引継ぎがされていました。なお，児童Xは，6年生時には学校カウンセラーに相談をしたことはありませんでした。

また，6年時の担任3は，家庭訪問の際に父親から「5年生のときのことは聞いていますか」と尋ねられ，「はい，聞いております。安心してよこしてください」と言っています。

裁判所は，特にスクールカウンセラーについて「カウンセラー1がA小学校の学校カウンセラーの職種にあったのは，平成22年3月までであったから，後任者であるカウンセラー3に対して，児童Xが6年生に進級してからも，学校カウンセラーの方から声をかけて継続的に様子を見ていく必要があると引き継ぐべきであるのに，生活が夜型，無断欠席無断遅刻が多いと引き継ぐにとどまり，この点も対応が不十分であった。」と批判しています。

教員間の引継ぎや家庭訪問時の対応については特に法的判断は述べら

れていませんが，何か問題を感じる部分はありますか。

Q教員　確かに，「5年生のときのことは聞いていましたか」という質問については，担任となった自分に任せてほしいという気持ちから，「大丈夫です」といった気持ちも分かります。ただ，認識の齟齬が生じないように，十分に引継ぎを受けていることを伝えた上で，具体的にどのようなことを懸念しているのか改めて確認をした方が良かったのかもしれません。

O弁護士　なるほど。その発言自体には問題はないものの，確認は不十分だったということですね。また，言及されているのはおそらく，学年最初の家庭訪問のように思います。最初の家庭訪問において，先生方が留意していることはありますか。

P教員　やはり，家庭訪問は緊張しますよね。ただ，学校とは違う子どもたちの様子を見ることができるので，とても貴重な機会だと思っています。だからこそ，何を聞いて確認するのか，また，どんな点を保護者に伝えるのかしっかり考えてから訪問するようにしています。ちなみに，法律的な観点から見たとき，家庭訪問はどのような意味があるのでしょうか。

S弁護士　なかなか難しい質問ですね。一言で「家庭訪問」と言っても，誰のどのような問題について考えるかで異なる面があります。裁判において問題となるのは，学校の安全配慮義務や，保護者の監督義務等です。それぞれ言及すると長くなるので，ここでは学校の安全配慮義務との関係についてだけお話しします。

例えば，家庭訪問が安全配慮義務違反にも影響を与えるのは，保護者からいじめの事実等について申告があった場合，学校はそれに基づいた対応が必要になります。広島地方裁判所平成19年5月24日判決・判例タイムズ1248号271頁では，家庭訪問の際に保護者から「原告Bから，『原告Aの遅刻が多く，朝起きられない。学校で何か原因があれば教えてほしい。』旨依頼されていた」にもかかわらず，「被告生徒らの暴行をいじめ行為と正しく認識し，被告生徒らから事情聴取をしたり，また，職員会議等に問題提起をして全校を挙げて原告Aに対するいじめに取り組むことを提案」しなかったことや，「P教諭は，原告B，原告X及び被告保護者らに対し，学校での原告Aや被告生徒らの状況を報告し，その動静に注意を払うべきであった」にもかかわらず，このような対応をしなかったことを理由に安全配慮義務違反が認められています。

　その意味では，教員の立場としては，家庭訪問においていじめの兆候等について話をされたら，その点についてしっかりと確認することが重要だと思います。これは，もちろん法的義務を負うからという点のみならず，子どもたちを守るために重要だと思います。

なるほど，その意味では，家庭訪問で危ないサインを聞いたら，必ず対応するということですね。また，児童Xが小学校5年生から小学校6年生に進級する際のスクールカウンセラー同士の引継ぎについても，「生活が夜型，無断欠席無断遅刻が多いという点のみを引き継いだ」として，非難されていますね。この点については，弁護士に聞くべきことではないかもしれませんが，実際としてはどうあるべきなのでしょうか？

これは，カウンセラーにも守秘義務が課されているので，ど

こまで引き継ぐのかは，なかなか難しい問題ですね。ただ，私としては，「声をかけて継続的に様子を見ていく必要がある」のは果たしてカウンセラーの職責なのか，むしろ，学校の教員又はスクールソーシャルワーカーの役割なのではないかとも感じます。

確かに，このような場面で，誰の業務なのか，曖昧なまま進んでしまうと，結局誰も対応せずに終わってしまうかもしれません。まさに，このような場面こそ，管理職等がリードして教員やカウンセラー，ソーシャルワーカー等と連携して，役割を明確にして対応する必要があると感じます。

O弁護士

児童Xの母親は外国国籍でした。本件では，児童Xの外見に
ついては，他の児童とそこまで大きな違いはなかったと認定
されています。しかし，保護者とのやりとりについては，担
任3が「半分程度通じるという印象を持っていた」とあるとおり，日本
語での意思疎通が難しかったようです。

　最近は，学校に依頼されて実施しているいじめ予防授業でも海外に
ルーツを持つ子どもに関するトピックを入れてほしいと希望があるなど，
現場での課題も出てきているように感じます。やはり先生方の肌感覚と
しても，海外にルーツを持つ子どもたちは増えているのでしょうか。

Q教員

地域によってかなり差があると思いますが，以前と比較し，
かなり増えてきたように思います。文部科学省の調査 (*) で，
日本語指導が必要な生徒数は，平成18年から平成28年まで
の10年間で1.7倍に増えたとの調査結果も出ています。

(*) https://www.bunka.go.jp/seisaku/kokugo_nihongo/kyoiku/todofuken_kenshu/
　　h29_hokoku/pdf/shisaku03.pdf

O弁護士

なるほど。また，海外にルーツを持つ子どもは，いじめを受
ける確率が高いと言われています。その意味でも，今後，ま
すますそのような児童生徒や保護者へのサポートが必要に
なってくるかもしれませんね。

　先生方が，海外にルーツを持つ子どもたちを受け持った場合に何か注
意していることはありますか？

P教員

私は，あえて他の子どもたちと区別せずに扱えば良いと思い
ます。もちろん，その国のことや，肌の色のこと等でからか

いが起きたらすぐに止めます。ただ，それは，その子どもが海外にルーツを持つからというより，その子が傷つく言葉だからです。

　ただし，海外にルーツを持つ子どもは，例えば十分に言葉で自分の感情を表現するのが難しかったり，他の子どもたちとの違いにより疎外感を感じやすかったりします。その意味では，感情の言語化のサポートや，また，その国のことを知ろうとし，敬意を持つこと，それにより自分のルーツに誇りを持ってもらうことは意識して対応していきたいと思います。

平成28年に成立した「義務教育の段階における普通教育に相当する教育の機会の確保等に関する法律」という法律でも，「義務教育の段階における普通教育に相当する教育を十分に受けていない者の意思を十分に尊重しつつ，その年齢又は国籍その他の置かれている事情にかかわりなく，その能力に応じた教育を受ける機会が確保されるようにする」と定められて，国籍に関わらず，その能力に応じた教育を受ける機会が確保されるようにする，ということが定められました。この法律に「国籍に関わりなく」と書かれたのは，画期的なことだと思います。

　また，平成26年に学校教育法施行規則の改正により，「特別の教育課程」が導入され，日本語を理解することが困難な児童生徒に対して，特別の教育課程を設定できることになりました。

　このように，海外にルーツを持つ児童生徒への支援については少しずつ整備されている状況ですが，保護者への対応について何か工夫していることはありますか。

そうですね，学校では保護者に対して様々な連絡事項があるため，どのように伝えれば良いのかはいつも悩んでいます。

特に，日本語での意思疎通が難しい場合には，外国語での連絡もした方が良いと思うのですが，全ての言語に対応することは困難です。せめてできることとしては，漢字等に読みがなを振る程度かと思います。

そうですね。少なくとも，子どもたちに発信するメッセージも含めて，できる限り読みがなを振るようにした方が丁寧ですね。本件では，小学校5年生の夏休みの際の宿題について，以下の通り認定されています。

7月には「まじめに取り組み，成績もよい。漢字チャレンジはほとんど100点」と評価されたが，夏休みの宿題は「ほとんどやっていない」と評価される状態であった。担任2はその原因をXに尋ね，自分で画用紙や原稿用紙を用意する必要があるものについては，どのように用意すればよいか分からなかった旨聴取した。

これは，法的義務の問題ではありませんが，このように，家庭へのサポートが必要と考えられる場合には，学校としてはどのように対応することが考えられるでしょうか。

そうですね。家庭訪問等も実施しますが，家庭への支援が必要な場合には，まずは，他の先生や管理職にも相談して，スクールソーシャルワーカー（以下，SSW）によるサポートが得られないか相談をすると思います。

もちろんSSWとの連携も重要ですが，最近は，海外にルーツを持つ児童生徒の支援をしているNPO等も増えています。居

場所や学習支援としての機能は，そのような外部の資源を活用することも重要だと思います。

もちろん，そのような外部のNPOのサポートが得られるのであれば，ぜひお願いしたいです。ただし，注意していただきたいのは，どこの地域にもNPOがあるわけではありません。また，日本語の指導は，専門性の必要な部分でもあり，なかなか，ボランティアのみに頼る訳にもいかないのが現状です。

確かに，学校が連携することができる社会資源がまだまだ不足していますね。また，弁護士としても感じるところですが，様々な子どもへの支援機関があるものの，それぞれの支援機関の範囲が決まっており，どうしても一人の子どもに対する支援が途切れてしまうということです。もちろん，一団体・一機関ができることに限界はあるのですが，子どもたちの育ち・学びを保障するためにも，包括的な支援が改めて重要だと思いますがいかがでしょうか。

そうですね。具体的な案までは難しいですが，そこの課題は，サポートが必要な子どもたちと接する度に痛感しているところです。

ただ，NPOと連携する場合に重要なのは，事故が起きた場合の対応や個人情報の取扱い保護に関する詳細等を明確にすることだと思います。現在多くの自治体でスクールロイヤーによる学校サポートの必要性が指摘されていますが，NPOとの連携という観点でもサポートが必要ではないかと考えています。

例えば，スポーツ振興センターからの災害共済給付については，基本的に「学校の管理下」における事故が対象です。PTAのみが監督している学校のプール開放の際の事故でも問題となりますが，NPOが学校において学習支援等の活動を行う場合，「学校の管理下」には該当しないとの判断もあり得るところです。怪我をした場合の補償は極めて重要ですので，そのあたりも明確にした上で対応することが必要だと思います。

なかなか普段の業務で忙し過ぎて，NPOの活動等を知る機会はありませんでしたが，今後はどのような活動をしている団体があるのか，少し調べてみたいと思います。ただ，団体との連携ということになれば，どうしても教育委員会等との調整も必要になってくるので，少しハードルが高いかもしれません。

確かにNPO等の把握は教育委員会の方が適任かもしれないですね。ただし，権限の観点から言えば，校長ができることもたくさんあるはずだと思います。

最近は，日本語指導，プログラミング教育，英語教育等，先生方も学ばなければならないことが沢山あり過ぎて，本当に大変だと思います。ただ，子どもたちの命・安全を守るために最低限必要な対応は何か，という観点から，裁判例の事例も見ていただけると，「絶対に守るべきライン」と「やった方が良いライン」の区別が見えてくるかもしれません。

POINT ④ 学級崩壊に対する対応

O弁護士　本件のいじめは陰湿で継続的なものでしたが，この背景には学級崩壊がありました。具体的には，4月には「全校集会の際，真っ直ぐ並ぶこともできず，話を聞いていない状態であったが，担任は，児童に注意していなかった。また，本件クラスの児童は，そのころ，授業の始めと終わりの挨拶をせず，授業中の出歩き等がみられた。」程度だったのが，6月15日の学校訪問日には「終了間近になると消しゴムが飛んでいる状況」でした。8月には校長がクラスのアセスメント研修を実施したものの，9月の段階では「教室が非常に汚く，乱れていることが多くなり，児童が授業中に立ち歩く等担任の統制がきかない状態になり，数名の児童が，5年時の担任に対し，授業にならないことがあると相談したことがあった」とも認定されています。

　以上の通り，本件クラスの状況は悪化の一途をたどっています。9月にもチームティーチングを行ったものの，クラスは落ち着かず，児童Xの自死後に実施されたアンケートでは「友達から悪口を言われたり，仲間はずれにされたことのある者10名」という厳しい状況だったようです。

　このような状況において，「本件クラスを分解する等して，強いリーダーシップのもと本件クラスの状態を改善するための抜本的な措置を講じず，担任3自身も上記措置を講じなかった。」として，担任3及び校長について注意義務違反を認めました。

　教員の皆さんの感覚としては，このような裁判所の指摘は，いかがでしょうか。

P教員　そうですね。児童Xが給食の際に一人になってしまったことについて，担任3が「児童Xが給食を一人で食べていた際，余裕がなく児童Xの気持ちを聞いたりすることができなかっ

た。十分な対応ができなかったのは，他の児童への対応に追われて，休みがちと申し送りのあった児童Xが登校していることに安心してしまっていたのかもしれない」と話していることが印象的です。やはり，クラスが荒れている状態だと，クラス内のいたるところでトラブルが起きている状況になってしまうので，担任3が手一杯になってしまうことも良く分かります。

また，クラスを分解すべき，というのは理想論としてはその通りだと思いますが，特に小学校等の場合は，担任している学級でほとんどの時間を過ごすことになるので，専科の先生や管理職の先生方に協力いただかないと年度途中にクラスを分解することは難しいと思います。そのような対応が実際に可能であったかどうかの検討がないのに，それをしなかったことを批判されているのは，教員としてはなかなか厳しい判断ですね。

なるほど。ただ，他のいじめの事案でも，学級崩壊が背景にあると考えられる事例も少なくありません。例えば，平成23年に起きた大津市における中学生の自死事案においても，学級崩壊の状況にあったことが認定されています。いじめの深刻化の防止のためには，この学級崩壊を防ぐことも重要なように感じますが，そもそも，なぜ学級崩壊が起きるのでしょうか。

若手の教員の知識・経験不足が原因，という意見もよく聞きますが，実は，調査結果から言うと，教員がどのような年代であっても学級崩壊は起きています。本件では，児童Xの6年生の際の担任は，「教諭歴約24年で専攻は理科」，そして，小学校6年生の担任を持った経験もある上に，「従前，児童が統制のきかない状況

になる等して学級が荒れたことはなく，指導方法や学級運営について問題が生じたことはなかった」という評価がされています。

　また，河村茂雄『学級崩壊　予防・回復マニュアル　全体計画から1時間の進め方まで（育てるカウンセリング実践シリーズ）』（図書文化社，2000）の中で，学級崩壊に陥るクラスの類型として，反抗型となれ合い型と分類しています。前者は「知識や儀容，基本的な生活態度をしっかり身につけさせようとする指導に，子どもたちが息苦しさを感じ，集団で先生に反抗する」（16頁）形態，後者は，「先生と子どもの仲がいいだけで，子ども同士は互いに他人のままで時間が経過し，小さなトラブルが積み重なって学級がバラバラになってしまう」（17頁）形態です。本件でも，クラスで実施されたアンケートで，生徒が「今までの先生は『とってもこわい』と言ってもよいほど怒るのが怖かった，担任3は甘いと思う」と述べています。この点からすれば，今まで押さえつけられていた子どもたちが一気に爆発してしまった，というのが現実かもしれません。

　このような状況になったとき，弁護士の観点から気を付けるべきことはありますか？

　そうですね。何よりもまずは抱え込まないことですね。学級崩壊については，学校が児童生徒に対して負っている安全配慮義務の問題もあります。しかし，法的な観点で言えば，学校（管理職）は，当該教員に対する安全配慮義務も負っていますし，もし，学級崩壊によって教員の心身の不調が生じた場合には，公務災害の問題にもなります。実際に，新人の教員が学級崩壊や保護者からの強いクレームが原因で自死に至ってしまった事例について，公務災害として認められた事例があります（静岡地方裁判所平成23年12月15日判決・労働判例1043号32頁，東京高等裁判所2012年7月19日判決・労働判例

1059号59頁）。この件については，小野田正利先生の『先生の叫び　学校の悲鳴』（エイデル研究所，2015）という書籍にも詳細が載っているので見ていただければと思います。

　担任として，少しでも状況を良くするために抱え込まずに対応することが重要ですし，また，管理職の立場からすれば，担任の精神面での負担を軽減するためにも，対応を検討しなければなりません。ただし，本件は教諭歴が24年ということもあり，他の教員に頼ることに精神的にハードルがあったのかもしれませんね。

　ちなみに，本件では，「群馬県教育委員会からの代理教師の派遣制度を利用することなく，校内の人員で対応しようと考え，学校外に援助を求めなかった。」という点も指摘されていますが，この背景にはどのようなことがあると考えられますか。

Q教員　そもそも多少荒れていたとしても，それを収めることも教員の実力という考え方があるかもしれません。また，現場が強く要望したとしても，要望のための手続が煩雑であったり，学校現場の負担感について，教育委員会と十分に共有できていなかったりすることも少なくないと思います。

O弁護士　なるほど。本件については，その様な観点からも制度上の問題がなかったか等の検討も必要ですね。
　なお，実際に，このような学級崩壊が起きた場合にはどのような対応になるのでしょうか。本件ではQUテスト（※1）というテストが使われていますが，これは，教員の方は良く使うものなのでしょうか。

（※1）学校の状況を診断するために開発されたテスト

P教員　QUテストは必ずしも全ての学校で使われている訳ではありませんが，広く使われています。ただし，あくまでもQUテストはその時点でのクラスの状況を示しているものです。したがって，そこからどのように改善をしていく必要があるかは教員が考えなければなりません。本件でも，QUテストを実施したものの，その施策が十分でなかったものと考えられます。

O弁護士　なるほど。いじめについてのものになりますが，いじめが生じにくい土壌を作るために，最近は，教員の指導方法も含めて調査する「学校風土調査」(※2)というものも実施されているようです。学級崩壊の防止も，いじめの防止も実は対策は似ているように感じます。

（※2）いじめの被害のみならず，教員の対応も含む学校風土についても対象とした調査

POINT-⑤ 悪口に対する対応

本件で，裁判所は，いじめについて，①継続的で頻繁な本件悪口（暴言），②給食時の仲間はずれ，及び③校外学習日における執拗な非難の3点を6年時にあったいじめとして認定しています。それぞれの段階における教員の対応について，裁判所は安全配慮義務に違反していると判断しているので，各段階の教員の対応について検討していきたいと思います。

　まずは，108頁で説明した，安全配慮義務の考え方について，思い出していただければと思います。安全配慮義務は，ⅰ具体的な危害があり，ⅱ当該危害又は当該危害が生じるおそれを認識した時点で，ⅲ具体的な義務が定められることになります。

　本件では，まずは，①継続的で頻繁な本件悪口（暴言）について，具体的な危害（ⅰ）について，以下の通り判断しました。

▼

児童Xは，6年生時の1学期から，児童1や児童3から少なくとも週に1,2回程度，「臭い」,「気持ち悪い」,「きもい」と言われ，上記児童や他の数人の児童から，「汚い」,「うざい」,「こっちくるな」,「バカ」,「原始人」,「ばい菌」,「加齢臭がする」等と言われることや，「学校を欠席したのに何で出かけているんだ。」と言われることがあり，「Xゴリ」と呼ばれることがあった。

　教員が悪口を認識できたかどうか（ⅱ）については，以下のように判断しました。

▼

これについて，学校側の認識については，「本件クラスは，4月から落ち着きがなく，6月下旬には担任3に対して，暴言を吐く等して反抗する児

童も出てきて全体的に騒がしく，担任3がいじめの標的となる状態であったことからすると，本件クラスの児童が，担任3に隠れて，児童Xに対し本件悪口を言っていたとは考えられない上，本件クラスの状態そのものからも，児童間において人を傷つける言動が横行していることが容易に想定できた。

　そして，担任3は，児童Xや父親から，児童Xが他の児童から嫌なことを言われていると直接聞いていた上，校長は，児童Xが5年生時にも，「臭い」，「きもい」等と言われていたことを認識していたものであり，6年生時，荒れているクラスにおいて，児童が他の児童から精神的肉体的に危害を受けないよう注視すべきであったことを併せ考えると，担任3や校長は，遅くとも平成22年6月下旬には，児童Xに対する本件悪口について，少なくとも認識可能であったというべきである。」

　そして，担任3は，前述の認識をしていた以上，以下のような義務（ⅲ）を負うと判断しました。

児童Xに対する本件悪口を認識可能であった6月下旬には，①文科省初等中等教育局長の通知等において実施の必要性が繰り返し指摘されていたいじめの実態把握のための児童に対するアンケート調査を実施したり，児童からの聞き取りや児童の様子を注視したり，心理専門職の資格を有するカウンセラーを活用する等して，本件クラスの児童の言動について，的確かつ十分に把握し，本件悪口を言った児童に，自己の言動の問題点を理解させ反省させるために，当該児童だけでなくその保護者を含めた指導を行うとともに，児童Xに上記指導内容を伝えて，担任3ら教諭がそのような言動を許さない強い姿勢で臨んでいることを示して安心させ，②把握した事実関係，実施した教育的指導等を報告したり，報告を受け

たりし，学校全体として本件クラスの児童の言動の実態を把握した上で，担任等による指導内容を検討し，事態が改善しなければ，学校全体でより強力な指導を行っていくこと，③教諭の統制がきかなくなっていった本件クラスにおける児童と担任3等との人間関係を回復するため，指導方法を変える等して早期に対処するとともに，友達づきあいの苦手であった児童Xについて，担任3ら教諭と児童Xの個人的な心のつながりを強固にする等しつつ，本件クラスの状態を改善するために，本件クラスの児童を複数のグループに分解してグループごとに教諭が対応する等の措置を講じる必要があった。

　　まずは，担任3が悪口を予見できたかどうか，という点についてはどうでしょうか。

P教員　そうですね。確かに，小学校5年生の頃からいじめられていたことを前提とすれば，判決の言っていることは適切だと思います。ただし，POINT②で議論されたように，そもそも，本件では引継ぎとして「5年生の初めは欠席が多かったが，3学期には欠席がなくなってきたこと，筆箱やお年玉を盗ってしまった児童とは別のクラスにしたこと，児童Xが仲良くしていて面倒をよく見てくれる児童2を同じクラスにしたこと」ということしか引き継がれていません。また，家庭訪問の際にも「5年生のときのことは聞いていますか」と尋ねられ，「はい，聞いております。安心してよこしてください」というやりとりだけです。そうすると，そもそもXがいじめの対象となるリスクが高いことについて担任3は認識できていません。そして，クラスが荒れており，色々な場所で悪口や暴力が発生してしまっている状況においては，児童Xに特に悪口がないかどうかに関して注意できなかったということも十分理

解できます。

確かにそうですね。その意味では，やはり引継ぎでもう少し具体的な内容を共有できていれば，担任としても，もっと児童Xに対して注意をすることができたかもしれませんね。また，教員が負うと判断された具体的義務についてはどうでしょうか。

悪口等について，調査したり強力な指導をすべきだった，という点にはその通りだと思います。特に，学級が荒れている場合には，1学期の最初に，いかにクラスのルールを定め，目標をクラス内で共有することができるかが重要になってきます。その意味でも，やはり，6月時点で，事実確認や強力な指導は不可欠だったのではないでしょうか。

　ただ，POINT④でもお話ししましたが，クラスを分解するためには，その分解した分だけ当該クラスに対応する教員の人数も増やさなければなりません。学校では，必ずしもすぐに追加の人材を得られるわけではなく，その意味で「クラスを分解する」というのは，なかなか厳しい義務だと思います。また，色々な場所で悪口や暴力が発生してしまっている中で，どの行為から優先的に対応すべきなのか，混乱して有効な手が打てなくなってしまうことは十分にあり得るかなと思います。

実際の裁判官の考えまでは分かりませんが，証拠として引用されている河村茂雄『学級崩壊　予防・回復マニュアル─全体計画から1時間の進め方まで（育てるカウンセリング実践シリーズ）』（図書文化社，2000）には，確かにクラスを分解して，クラスを立て直す方法について言及されているので，それを参考にしたのか

もしれません。

　ただ，確かに，特に小学校の場合は，学級担任制で，原則として担任がずっと教科指導をすることから，対応する教員の確保が難しいかもしれません。学級崩壊においては，校長によるサポートも必ず必要となってきますね。本件でも，校長の義務違反も認められていますが（POINT ⑧），まさにそのような感覚も反映されていると思います。

なお，現在，中央教育審議会においても，小学校における教科担任制が議論されています。教科担任制がより普及すれば，他のクラスのサポートもしやすくなるかもしれません。

POINT-⑥- 給食時の仲間はずれに関する対応・指導

○弁護士

次に，裁判所は，2学期の9月28日から10月18日までの間に行われた給食中の仲間はずれをいじめとして認定しました。具体的には，以下のような事実が認定されています。

▼

6年生になったばかりの4月，5月ころから一人になりがち（修学旅行の班分け）で,児童Xは誰ともしゃべらないと言われる状態となっていたが，2学期の9月28日から10月18日までの間，合計9回，本件クラスの児童は机を寄せてグループで給食を食べているにもかかわらず，児童Xだけ一人で給食を食べ，あちこちで他の児童が，「よく一人で食べられるよね。」とひそひそ声で話していたことがあった。

このような状況について，裁判所は以下のように判断しています。

▼

児童Xは，騒がしい授業中，話す相手もおらず孤立していたが，給食の時間に，自身が孤立していることが誰の目からも明らかな状態に置かれた上，他の児童が，これを認識しながら，児童Xの状況をばかにするような態度でいたものであり，児童Xにとって耐え難い状態であったことは明らかであって，いじめにほかならない。

また，担任3が認識できるかどうかについては，以下のように認定しています。

▼

担任3は，児童Xが一人で給食を食べている状況をすべて現認しており，校外学習日の様子も認識しているか，少なくとも他の教諭らから聞いて認識していたと認めることができる。

これらを踏まえて，具体的義務としては，以下の通り認定しました。

▼

担任3と校長は，遅くとも児童Xが一人だけで給食を食べる状態が続き，これを認識又は認識可能であった10月4日には，まずは，給食時の席を強制的に決める等し，児童Xだけが一人で給食を食べることのないようにした上で，なぜ一人だけになってしまうのか児童Xや他の児童から聞き取りをする等した上で検討し，抜本的に改善するための措置を講じるべきであった。

　また，判決では，単に改善のための措置だけでなく，「担任3は，児童Xだけが一人で給食を食べている状況について，児童にとって多大な精神的苦痛を感じる事態であるから，遅くともその状況が数日続き，容易に解消しえないことが判明した時点において校長に報告すべき義務」があったとも認定されています。

　さて，教員は給食中も自分が担任をしている学級の教室で食べるのが通常かと思います。その意味では，児童Xが一人になってしまった点について担任3が認識していることは前提として良いと考えられます。では，裁判所が提示した具体的な義務についてはどうでしょうか。

Q教員　一人になっているのにそのままにするということはあまり考えられないかと思います。一度でも一人になったら，その時点で，友達同士で食べることはやめさせると思います。このような場合は，やはり，早めに対応することが極めて重要です。

　一人になってしまっている子がいるにもかかわらず，その状態を周りの児童が黙認している時点で，それまでの学級経営に課題があったと考えざるを得ないですね。

O弁護士

なるほど。特に，学級経営が課題だったと感じられるポイントは他にありますか？

Q教員

特に私が重要だと思うのは，以下の事実です。

ある児童は，児童Xから「グループにまぜて」，「だめだと思うが一応聞いてみて」と言われ，児童1に尋ねたが，「だめ」と言われて，そのままになってしまっていた。クラス女子はほとんど児童1のいうことを聞いてしまう，注意すると，変なことを言われるので黙っておこうということになるという状況になっていた。

本来，理想の学級では，良くないことがあれば，児童生徒同士で注意し合うことができます。そして，それができていれば，このようないじめの深刻化は防げるのです。しかし，それができなかった，という事実は，学級経営の課題がまさに表れていると思います。

S弁護士

なるほど。そのような，注意し合える土壌をどれだけ作れるかということですね。なお，この際の教員の具体的な対応については以下の通り説明されています。

一度席替えをしたものの，翌日再び一人になってしまいそうな状態であったにもかかわらず，「Xちゃんが一人になっちゃうよ。」と他の児童に述べて，児童Xの状態を解消する方策を児童に委ねてしまい，「自分からグループに入れてもらうよう言ってみたら。」，「一人で頑張っているね。」と当時の児童Xにとって何の解決にもならず，逆に児童Xの絶望感を高

める発言しかすることができず，しかも，そのことに気付けない状態になってしまっていた。

このような対応しかできなかったのは，教員としても相当疲弊していたことが背景にあると考えられます。

ちなみに，生徒同士が，お互いに注意し合える，学び合える関係を築いていくためには，教員は何をすることが必要なのでしょうか。

難しい質問ですね。それ自体は，「学級経営論」として膨大な研究や書籍がある分野ですし，私も日々方法を模索しているところです。ただ，自分が日々心掛けているのは，子どもたちが「言葉」でしっかり自分の気持ちを表現できるようにすることです。多くのクラスの学級崩壊を立て直してきた先生として有名な菊池省三の書籍を参考にさせていただいています。

本件でも，日ごろから，注意した子を褒めたりすることを意識することで，お互い注意することが当たり前の文化になると思います。

なるほど。確かに，自分の気持ちを表現して議論できるようになれば，子どもたちのストレスも少なくなるかもしれないですね。とても参考になります。

また，詳細についてはPOINT⑧で議論できればと思いますが，2点目の管理職への報告についてはどうでしょうか。

一般的に言えば，何か生徒指導にあたって問題が起きた場合に最初に相談するのは，同じ学年の他の担任や学年主任ではないでしょうか。そこから，問題が解決しなければ，生徒指

導部会等において議論することになるかと思います。ただ，9月の時点では，相当クラスの状況は悪化しており，すでにチームティーチングをお願いしたりしている状況であるため，他の教員や校長等も児童Xのクラスが学級崩壊の状況であることを認識していると考えられます。そうだとすれば，やはり，本件では直に校長に報告をすることが必要ではないでしょうか。

なるほど，確かに，一番相談しやすいのは，同じ学年の先生ですね。さらに，生徒指導部会や教育相談部会等もあるので，それぞれの部会の役割や，情報伝達のルートを明確にする必要があるかと思います。

　弁護士の立場からは，いじめ防止対策推進法ばかり見ているため「すぐに学校内に設置されたいじめの防止等のための組織に報告」と抽象的にイメージしていましたが，学級経営上の課題が大きい場合，いじめのみならず，学級経営についても他の会議体で教員や管理職から早めにサポートを受けることも必要になりますね。

POINT-⑦ 校外学習における対応・指導

O弁護士 校外学習における学校の対応は，103頁の通りです。本当に，児童Xの気持ちを考えると，胸が締め付けられます。さて，この校外授業における対応について，109頁で示した思考枠組み（ⅰどのような行為（リスク）があったのか，ⅱそれを教員等は認識できたか，ⅲ認識できたとしたら教師はどのような具体的な義務を負うのか）に沿って，裁判所の判断を説明します。

　まず，①どのような行為（リスク）があったかについては103頁に記載されている通りです。②前述のような児童Xの苦痛を教員等が認識できたかどうかについては，以下のような判断をしています。

　校長は，少なくとも普段大人しい児童Xが校外学習日に大声で泣いて行くのを嫌がっていたことを認識していたのだから，その理由等について他の教諭に確認する等して認識すべきであり，これを前提とすると，校長は，遅くとも校外学習から帰校したときまでには，児童Xの同日の状況について認識可能であった。

　さらに，これらを踏まえて，③教師が負う具体的義務について以下のように判断しました。

　担任3と校長は，校外学習日の児童Xの状況について，遅くとも帰校時までには認識又は認識可能であったから，児童Xに対し，遅くとも校外学習日の翌日までには，児童Xが感じている苦痛について踏み込んで聞いた上，児童Xが一人で給食を食べることのないように，全員前を向いて給食を食べるよう指導し，児童Xの欠席を咎めた児童1らに指導したこと等を伝えるべきであった。

　しかし，学校が，以下のような対応をしたことを認定し，「校長には，児童の気持ちに寄り添う姿勢が見受けられない。」と批判しました。

　さらに，担任3は，校外学習日，児童Xを漫然と帰宅させて，同日中には両親宅を訪問しておらず，翌日は，電話をかけ，両親宅を訪問したが，両親や児童Xと話をしたり会ったりすることができず，給食時の座席についての指導内容や児童1に対して指導したこと等を，手紙を残す等して伝えることができたにもかかわらずこれをせず，校長もこれをしなかった。

　ここでのポイントは，泣いた直後に，一緒に校外学習に出掛けたこと自体ではなく，「児童Xが感じている苦痛について踏み込んで聞いた上，児童Xが一人で給食を食べることのないように，全員前を向いて給食を食べるよう指導し，児童Xの欠席を咎めた児童1らに指導したこと等を伝え」なかったことであることです。

　ただ，児童Xを自宅に迎えに行ったことのある事務主任が見たことのないレベルで児童Xが泣いているにもかかわらず，なだめて一緒に行かせたという行為自体，本人の意思に反しているように感じますが，いかがでしょうか。

そうですね。もし学校にいてもらうとなると，教員が付き添う必要があると思いますし，他の多くの児童に対して指示等をしなければいけない状況の中で，とにかく児童Xを説得したということも理解できなくはありません。ただ，本件では，泣いている様子からしても，本人のわがままではなく，児童Xの我慢の限界を超えていたのだと思います。この点については，ご指摘の通り，裁判例に

おいても,「自己主張することがほとんどな」い児童であり, 今回の泣いて訴えたことは,「A小学校における初めての強い自己主張であった可能性が高い」と認定しています。そうだとすれば, やはり連れていくのは適切でなかったと思います。自分であれば, 学校に残っている先生に状況をお伝えし, 対応をお願いしたと思います。

なるほど。また, もし先生方が同じ場面になった場合には, 特に, 校外学習中は, どのようなことに気を付けると思いますか?

なかなかみんながいる中では難しい対応ですね。本件のように, ずっと悪口を言われていてその恐怖を感じていたのであれば, 例えば, 移動中は引率の先生の近くにいてもらう等をすることで, 本人に安心感を持ってもらったり, また, 悪口が聞こえたらすぐに注意できるようにすると思います。

そうですね。とにかく, 本人が傷ついている状況だとすれば, それぐらいしないと本人の精神的にもつらいですね。
　　ただ, 他方で, 校外学習においても, 教員は他の児童全員の安全を守る義務も負っています。例えば, 平成18年には横浜市の工業高校の生徒2人が水遊び中に死亡した事故が発生しました。そして, 横浜地方裁判所平成23年5月13日判決・判例時報2120号65頁では, 修学旅行先の海岸について,「関係官公署に問い合わせるなどして, 危険箇所の有無及び沖縄で海に入る場合の注意点等の情報を収集した上, これを基に十分な実地踏査を行う義務があった」と判断しました。この判例では, 事前の下見が十分であったかどうか等も論点になっています

が，同事案に関して公開されている調査報告書によれば，教員による点呼が十分でなかったこと等も認定されています。他の生徒が安全に移動しているかどうか，危険な場所に近付いたりしていないか，しっかりと見守る必要もありますね。

ほんとうにそうですね。特に，校外学習のときは全方面に気を配らなければならず，結構神経を使うのも事実です。修学旅行を生徒主体で企画させる取り組み等も聞きますが，安全管理との両立は本当に難しいなと思います。

　ご紹介いただいた裁判例において，周知されていた危険だけでなく，官公庁に対しても問合せをすべきとの判断は正直相当厳しいように感じますが，はぐれた生徒がいないか点呼すること等は絶対に必要だと思います。ただ，そのような注意が必要な状況だとしても，本件では，もう少し児童Xに対して配慮があって良いのではないかと思いました。

なお，校外学習の後，「児童Xに対し，児童1に対する指導が終了した後に声をかけようと考えていたが，児童Xが児童1に指導している間に帰ってしまったため，話ができなかった。」とあります。また，教員は，家庭訪問について，「手紙を置かなかった」ということを指摘されていますが，手紙を置くということは通常行うことなのでしょうか。

片方の児童を注意している間に帰ってしまったということ自体はいかんともしがたいかもしれません。本当に心配であれば，少し別の部屋で待ってもらうことも考えられたかもしれませんね。

また，家庭訪問については，通常の家庭訪問であれば，いなければ手
紙を残すということはあまり考えにくいかもしれません。ただ，本件の
ような本人が深く傷ついていることが明らかな状況であれば，手紙を置
いておくということもあり得るかもしれません。

　　　　　なるほど，多くのリスクがある中で，どのリスクが高く，ど
　　　　　の程度力を入れるべきかを考えることは重要ですね。その点
　　　　　については，まさに，企業の「リスク・マネジメント」の考
え方にも似ている気がします。限られた人員の中で生徒の安全を最大限
確保するためには，起こり得るリスクの大きさとその可能性等について
考慮した上で，どのリスクを優先的に対応するか考えていくことが重要
ですね。その意味では，本件の場合児童Xが深く傷付いていることは分
かっていたことが重要なポイントですね。

POINT-⑧- 校長の義務と責任の範囲

O弁護士 さて，今までは，担任3の対応について主に検討してきましたが，POINT⑧では，担任3ではなく校長に関する義務に焦点を絞って議論をしたいと思います。

　子どもに日々接しているのは担任ですが，担任のみでは子どもの安全を守ることができない状況になれば，校長にも義務が発生します。

　本件では，担任3が対応できないことの認識可能性について，以下の通り認定しました。

> 校長は，担任3が，特に8月から9月以降，本件クラスの対応に悩み，徐々に精神的に疲弊していき，その結果十分な対応をすることができていないことを認識しており，本件ルール作りから1週間以上が経過した10月4日には，もはや担任として上記児童に対する一次的措置を講じることができないほど精神的に疲弊していたことを認識可能であったと認められる。

　なお，「8月から9月以降」と指摘されているのは，8月には，校長が担任3向けに学級経営アセスメント研修を実施したものの，担任3が本件クラスの状態にそぐわない抽象的な学級経営の方針しか提示しておらず，また，9月には，担任3がクラスの立て直しのためにルール作りを実施したものの，校長は，担任3から，2，3日に1度という頻度で本件クラスの状況を相談されるようになっていたという背景があります。

　そして，校長の義務について「教諭のメンタル面の状況を把握して，教諭の精神疾患の予防，早期発見及び早期治療に努めるべき立場にあり，担任3から本件クラスの状況を相談された際，教諭としての仕事の仕方等について話すだけでなく，担任3のメンタルヘルスについてもアドバ

イスすべき立場にあった」と認定した上で，以下のような具体的な義務があると認定しています。

> 担任3が精神的に疲弊していることを認識した8月から9月の時点で，担任3の負担を減らして強力なサポート体制を構築すると共に担任3に対して休養を取ることや医療機関等への相談や受診を勧め，それが可能な執務体制を構築するべきであったものであり，さらに，担任3がもはや担任として上記児童に対する一次的措置を講じることができない状態に至り，これを認識可能であった10月4日には，担任3を本件クラスの担任からはずす等して，担任3の精神疾患の予防あるいは早期発見に努め，もって，本件クラスの児童に対する教育環境の改善を図るべきであった。

　この点については，管理職に関して何か感じることはありますか？

P教員 管理職があまり前に出てきてしまうと，逆に担任としての対応がやりにくくなることはありますが，自分ひとりではどうにもできない場合には，サポートしていただかないと難しいですね。
　担任が鬱になっていていじめの防止等の対応ができていないことを認識していたにもかかわらず，それに対して適切な対応を校長がしなかったことの問題点は判決の指摘の通りだと思います。ただ，気になるのは，実際に，当該教員が休んだ場合に，対応できたのかどうかが分かりません。もし，代わりに担当してもらえる教員がいなかったとしたら，担任不在で自習等をさせるのでしょうか。

そうですね。ご存知とは思いますが，市町村の場合は，政令指定都市を除き，採用等については基本的に都道府県が権限を持っています。そのため，学校や市町村教育委員会は，自由に自分たちの権限で人を採用することができないところは，民間企業とは異なるところです。

　ただ，だからと言って鬱状態の教員に対応を続けさせることは，学校が教員に対して負っている安全配慮義務にも違反することになります。

なるほど。法律的にもチームとしての対応が求められているということですね。

ちなみに，よくメディアでも「学校の責任が認められた」という言い方をしますが，その責任が認められた範囲についても注意をしていただければと思います。

　本件においては，学校の安全配慮義務違反が認められたものの，それはあくまでも，いじめにより受けた苦痛についてです。自死については，因果関係がないということで，その責任は否定されました。

すみません，ちょっとよく分からないのですが……。

今回は，教員が十分な対応をしなかった結果，児童Xに対するいじめが継続し，また，児童Xの自死に至ってしまいました。このうち，児童Xの自死についてまで学校が責任を負うのは，自死についての具体的予見可能性がある場合です。どの程度の認識があれば良いかはそれ自体議論があるところですが，ここでは，この裁判例

の説明を前提に話を進めます。

今回の児童Xが自死することが予想できたかどうかについて，裁判例は，以下の通り判断しました。

まず，①児童Xには，学校においても，家庭においても，自殺をほのめかす言動が一切なく，突然の態度の変化や，別れの準備をする行動，危険な行為の繰り返し，自傷行為に及ぶといった等の自殺の前兆行動は見受けられなかったこと，②上記認定の経緯からすると，児童Xは，本件自死直前に自死行動を決意したと認められ，突発的に本件自死を図ったものであること，③本件悪口，仲間はずれ及び校外学習日の非難といったいじめを受ければ自殺するということが一般的なことということは困難なことからすると，担任3や校長は，本件自死を予見することはできなかったといわざるをえない。

もちろん，死亡するようなことが起きた以上，学校としてもどうして防げなかったのか考えなければなりません。ただ，全て学校の責任であるかのように言われてしまうとそれは違うのではないかと思ってしまいます。また，予想できるかどうかについても，「死にたい」などといった言葉を軽い気持ちで言う子どももいると思われますが，その場合も全て「予見できた」と判断されてしまうのでしょうか。

そうですね。自死の具体的な兆候が何か，という点については慎重な判断が必要かもしれません。
また，安全配慮義務違反が認められたとしても，保護者の対応等を考慮し，過失相殺により減額するような例もあります。その是

非は別途議論をする必要がありますが。最近では，平成23年に大津市で起きたいじめ自死事件について，大阪高等裁判所で判決があり，家庭の事情を理由に過失相殺により賠償金額を減額しました。

　また，家庭背景等についてどのように扱うのかは，第三者委員会に関する議論の中でも問題となっています。特に，いじめと自死の因果関係を検討する上で，いじめ以外の自死の原因となる要素をどのように考慮するかについては，様々な議論がされています。

なるほど，そのような疑問点も，裁判所の出す判決に反映されることになるのですね。

ただ，保護者とコミュニケーションをとっているときにそのようなことばかり意識してしまうと，最初から対立関係になってしまいます。その意味でも，教員の皆さんが現場で対応する上では，「過失相殺になるのではないか」というような思考をせずに，自分にとって被害児童・保護者に対してできることは何かを考えることが重要だと思います。

Column：自死についても学校が責任を負うか？

　本件では，裁判所は，児童Xへのいじめに対する学校の対応が不十分であった点について330万円の損害賠償責任を認めています。

　「前提の解説」の部分でもお話ししましたが，損害結果を予見することが可能であり，また，これを実際に回避できたにもかかわらず，実際には回避を怠ったために損害が生じてしまった場合に，「過失」が認められ，不法行為の責任を負うことになります。つまり，およそ想定できないような重大な損害が発生したとしても，不可能を強いることはできないので，責任を負うことはないということです。

　本件では，学校が教員を通じて児童Xへのいじめを認識しつつ，適切な対応をしなかったことで，児童Xが精神的な苦痛（＝損害）を受け続けたとして，精神的苦痛による慰謝料の請求は認められています。他方で，児童Xには，学校においても，家庭においても，自死を予期させるような前兆がなかった中で，自死という結果が発生してしまったので，裁判所の判断は，「児童Xが亡くなったことの責任が学校にあった」というものにはなっていません。

　なお，いじめをめぐる各種裁判では，本件とは異なり，いじめが発生したとしても，適切な対応を講じて児童の精神的苦痛を緩和させることができていたのであれば学校の責任は生じないこととなります。また，本件では，家庭においても，自死をほのめかす言動が一切なかったため，児童Xの自死について学校の責任を認めていませんが，突然の態度の変化や，別れの準備をする行動，危険な行為の繰り返し，自

傷行為に及ぶといった事情があり，教員等がこれを認識しつつ何も対応を行わなかったということであれば学校が自死について責任を負う可能性は十分にあります。

　いじめ問題は，突発的に大きな問題が生じるというよりは，学校生活という時間の流れの中で徐々に深刻化していくという性質があり，裁判所もそのような性質を踏まえて法的責任の判断を行います。そこで，関係者にとっては，問題を察知すること，そして察知した場合に悪化していかないような対応を講じることが重要な視点といえます。

　少し専門的な話になりますが，前述の通り，学校が責任を負うのは，損害結果を予測することが可能であり，また，これを実際に回避できた，という場合です。そして，いままでは，自死について具体的に予測できないと，学校（自治体）は自死について責任を負わないと判断されてきました。いじめのみならず，自死の可能性（具体的な兆候）等の認識も必要，という考え方です（今回の判決は，この考え方に近いです）。しかし，福島地裁いわき支部平成2年12月26日判決・判例タイムズ746号116頁では，教員及び学校は，具体的な自死の兆候がなくとも，悪質かつ重大ないじめを認識したら，自死についても責任を負うと考えるべきと判断しています。また大阪高等裁判所令和2年2月27日，裁判所ウェブサイトでは，自死の結果については自死の可能性の認識は不要と判断しました。

　このように，どこまで予見（認識）していた場合に，自死の結果についても学校が責任を負うかについては，裁判所の判断は固まっていませんが，どのような場面でどのような対応をすべきかという点については，自死の責任を負うかどうかの裁判所の判断もとても参考になると思います。

P教員　ところで，裁判例を初めてしっかりと読んでみたのですが，疑問に感じる部分もあります。裁判例は法律と同じように，絶対的なものなのでしょうか。

S弁護士　今まで，現在の裁判例の判断を見てきましたが，実は，裁判例は必ずしも絶対的なものではありません。だからこそ，その妥当性について，弁護士の視点から検討するとともに，教員のみなさんの意見を聴くことがとても重要なのです。

　また，裁判所の制度としても，三審制といって，原則として，地方裁判所，高等裁判所，最高裁判所の3回まで判断を求めることも保障されています。

P教員　なるほど，そうすると，必ずしも裁判例が絶対という訳ではないのですね。では，本件について，弁護士の立場からも何か疑問に思われることはありますか？

S弁護士　そうですね。私が特に疑問を感じるのは，小学校5年生時の教員の対応に対する判断です。

　本判決は，学校に対してかなり厳しい判断をしている印象を受けます。というのも，本件では確かに裁判所が指摘するように，児童Xが夏休みの宿題をほとんどやっていなかったり，連絡帳で児童Xが傷ついていると言っていたりしたにもかかわらず対応を行わなかった，といった事実があります。他方で，児童Xが臭いと言われた際に，発言をした児童に対する指導は実施されていること，カウンセラー1が受けた相談の内容は校長や担任2にも共有されていること，相談ポストに対

して入れられたメモに対応して、児童Xに声掛けを行っていること、保健委員会での出来事に対しても、カウンセラー1と担任が連携して対応していることが認められます。また、教育相談部会でも欠席が多い点を踏まえて、要配慮児童として取り扱っていました。したがって、学校としては、児童Xについて、人間関係や家庭環境について配慮が必要であるとの認識は有しており、相談を受けた場合には、担任2や校長等の他の学校関係者とも連携して対応を行っていたといえます。

　そうすると、学校生活のように、長時間にわたって子どもを預かり、日々、様々な問題を扱う必要がある中で、時折、何らかのサインを見過ごしてしまった、一部の事例で必ずしも最良の解決策を取らなかった、といった点を殊更に取り上げて、不適切と判断するのは、やや行き過ぎており、教育現場の実態を踏まえない判断となってしまっている懸念があると考えられます。

なるほど。では、具体的に、どのような判断方法があり得るのでしょうか。

教員は、専門職としての専門性があるという考え方もあり得ると思います。そうだとすると、裁判所が、教育行政等の専門的な領域について判断を行う場合には、通常、学校に一定の裁量があることを前提に、具体的な対応等が、当該裁量の範囲を超えている場合に初めて違法である、不適切である等の判断を下す方法もあり得ると思います。その場合、例えば、教育の現場だと、けんかのような事例一つをとっても、対応方法に絶対の正解があるということはなく、状況に応じて何通りもの解決方法があったり、また、児童を取り巻く環境に応じて解決方法がその都度変わるということも考えられます。した

がって，当・不当の判断においては，個別の対応について，教員として通常行うべき対応は何か，具体的に行われた行為はそこから著しく逸脱しているのか，等を判断していくことになります。

そうですね。確かに，同じ状況であっても，様々な対応方法があると考えられる中で，特定の行為をしなければ違法になる，というのは違和感があります。

なお，本件に限らず，今までは，判決については，「教員にも義務があることを学ぶべき」との論調で紹介されることが少なくありませんでした。しかし，裁判所が自死までの事実関係を全て確認した上で事後的に認定した安全配慮義務の判断が，目の前で対応を迫られる教員の業務にそのまま役立つわけではありません。そこで，教員の皆様に特に注目してほしいのは，事実関係の部分です。最悪の結果となってしまった事案においても，実は，最初の頃のいじめは，どこの学校でも起きていることと思われます。その段階で何ができるかを考えることが極めて重要です。

　本件でも，裁判所は（当然ですが）責任の有無を認定していますが，ここでは，事実関係を踏まえた再発防止策として何が考えられるか検討したいと思います。

　本件では，①継続的で頻繁な本件悪口（暴言），②給食時の仲間はずれ及び③校外学習日における執拗な非難が，（法的な因果関係はとにかく）大きな影響をもたらしていたと考えられます。それぞれについて，どうすれば，同じことが起こらずにすむでしょうか。これは，法的義務ではなく，教員の立場で「やった方が良い」ことを考えていければと思います。

そうですね。まず，①の悪口については，個別に対応していくことも重要ですが，本件の場合，やはりクラス全体が荒れてきたことを考えると，それだけでは足りないように思います。
　特に前の担任が怖い感じの教員であれば，学級崩壊が起きやすくなることは，予想しやすいと思います。そうだとすれば，まず4月の段階で，クラスとしてのルールを作り，それを徹底することが考えられるのではないでしょうか。

確かに，学級崩壊が起きてしまった後に対応するのは非常に大変なので，最初の段階が重要ですね。給食時の仲間はずれについてはどうでしょうか。

これについては，やはり，担任3が話していた「来てくれていただけで安心していた」という点がポイントかと思います。　給食のときに，誰かが孤立していてもそのままにしている状況の場合には，絶対にすぐにグループで食べるのをやめさせることが重要だと思います。

確かに，様々な判例を見ている限り，やはり，みんなに見えるような形でいじめをしているにもかかわらず，それを教員も黙認している場合には，いじめがより酷くなるように思います。中井久夫『いじめの政治学』という書籍の中で，「いじめの透明化」という概念が提案されています。いじめがあるにもかかわらず，教員も含めてそれを黙認することで，いじめのある光景がなにかの風景の一部にしか見えなくなる，あるいは全く見えなくなり「透明化」してしまうということが書かれています。この「透明化」は絶対に阻止しなければ

なりませんね。

校外学習についても，今までの状況を考慮すれば，児童Xは力を振り絞って登校してきていることは明らかである以上，お昼を一緒に食べる，近くにいるようにする等の対応はできたのではないでしょうか。

そうですね。本件の場合は，校外学習後の対応について義務違反が認められていますが，そもそも，校外学習の時点での対応方法については，色々と考えられるかもしれませんね。

裁判になった事例はとても自分とは関係のないもののように感じていましたが，具体的な事実を追っていくとまさに日常の学校生活にも十分あり得ることばかりで，とても考えさせられますね。

私もその点は強くそう思いました。

事例に対するまとめ

　本件は小学校6年生におけるいじめに関し，十分に担任3及び校長がいじめ防止のための行動をしなかったということで，安全配慮義務違反が認められた事例です。

　本件において，特に参考になるのは，①学級崩壊に対する学校における対応，②保護者との関係性，③学年間での引継ぎ等についてです。

　特に，いじめが深刻化する背景には，学級崩壊があることが少なくありません。小学校では基本的に一人の担任が一学級を担当するので，学級崩壊の状況に陥ると，担任も相当な精神的な負担を抱えます。しかし，他方で，学校にとっても介入するタイミングは明確ではありません。ここで，本件を参考にすれば，「一次的な対応すらできていない」という点が支援のポイントと考えられます（POINT④-⑧）。

　また，校外学習に出発する前の尋常ではない泣き方（POINT⑦）は，自死直前の児童生徒の行動で時々見られるものです。本件での対話を通じて，弁護士・教員は以下のような気付きを得ることができたのではないでしょうか。

【弁護士】

・懸念のある児童については引継ぎの段階での情報の取得がなければ，クラス全体が荒れた状況の中でその児童に特に集中することは困難であること

・通常であれば，一人の仲間はずれを許容している時点で，それぞれ任意でグループを作らせることを阻止すること

・本人の不安が強い場合には，校外学習の場合でも教員の近くにいてもらう等して，すぐに対応できるように行動すること

・外国にルーツを持つ子どもや保護者に対しては，全て外国語で対

応することは困難であり，漢字には読みがなを振る等が対応策と
して考えられること

【教　員】

P教員

・安全配慮義務については，①どのような行為があった
のか，②それは予見できたか，③予見できたとしたら
教師はどのような具体的な義務を負うのか，という枠組みで判断
されること

・自分だけで対応するのが困難なほど荒れてしまった場合には，校
長等にも協力を仰がなければならず，それは法律的にも要請され
ていること

・教育機会確保法に「国籍に関係なく」という表現が入り，外国籍
の子どもに対する学習機会が保障されていること

・家庭訪問の際に，いじめの兆候や心配等があれば，必ずしっかり
と聴き取りをし，対応をする必要があること

・校長は教員の心身の安全についても責任を負っていること

さらに理解を深めるために

　いじめ自殺への対応，学級崩壊，外国人児童生徒等についてより考え
を深めたい方々は，以下の資料をご参照いただければと思います。

▶北澤毅『「いじめ自殺」の社会学―「いじめ問題」を脱構築する』(世
界思想社，2015)

▶河村茂雄『学級崩壊　予防・回復マニュアル—全体計画から1時間の進め方まで (育てるカウンセリング実践シリーズ)』（図書文化社, 2000）

▶菊池省三ほか『菊池先生の「ことばシャワー」の奇跡　生きる力がつく授業』（講談社, 2012）

▶前川喜平ほか『前川喜平 教育のなかのマイノリティを語る――高校中退・夜間中学・外国につながる子ども・LGBT・沖縄の歴史教育（日本語)』（明石書店, 2018）

▶小野田正利『先生の叫び　学校の悲鳴』（エイデル研究所, 2015）

Column：アレルギーについて

　本件は給食中のいじめが問題となっていますが，給食中のリスクは，いじめだけではありません。アレルギー事故や誤嚥，食器の破損，食中毒等も問題になります。教員の方々は様々なリスクがある中で対応されており，本当に大変だなと感じます。

　アレルギーについては，平成24年に調布市（東京都）の小学校で起きた事故や，平成30年に栃木市（栃木県）の小学校で起きた事故があり，両方とも調査報告書がインターネットでも公開されています。後者の事故では，何とか児童の命は助かりましたが，前者の事例では児童は亡くなってしまいました。それぞれ学ぶべきポイントが沢山ありますが，特に前者の事例は，エピペン®を迷わず使うことの重要性を確認することができます。また，公益財団法人日本学校保健会「学校のアレルギー疾患に対する取り組みガイドライン」というガイドラインも発表されており，その7頁にも行動フローが掲載されています。

　学校でのアレルギー事故については裁判例もあり（札幌地方裁判所平成4年3月30日判決・判例タイムズ783号280頁），「担任教諭にも給食時に児童X（作者註：亡くなった児童）がそばを取らないよう注意し，児童Xからそばを食べてそばアレルギー症状との訴えを受けたのであるから，児童Xを保健室に連れて行き養護教諭に診せるとか，児童Xの下校時に自らないし学校職員等同伴させる等の措置を取るべき注意義務が存在したと解するのが相当」と判断しました。ただし，当該事例の判断の前提として，「昭和六二年四月六日付け児童調査票で，児童Xが給食で注意することとして『そば汁』と申告され，同年四月

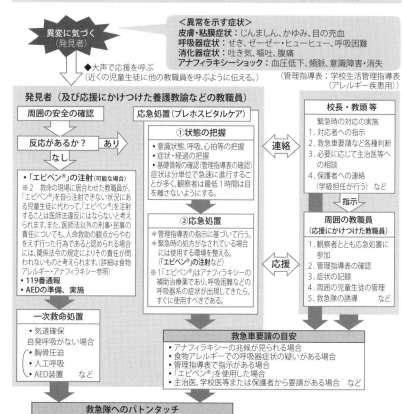

公益財団法人日本学校保健会「学校のアレルギー疾患に対する取り組みガイドライン」（2008年）
7頁・行動フロー図

アナフィラキシー症状をきたした児童生徒を発見したときの対応（モデル図）

異変に気づく（発見者）

＜異常を示す症状＞
皮膚・粘膜症状：じんましん、かゆみ、目の充血
呼吸器症状：せき、ゼーゼー・ヒューヒュー、呼吸困難
消化器症状：吐き気、嘔吐、腹痛
アナフィラキシーショック：血圧低下、頻脈、意識障害・消失

◆大声で応援を呼ぶ
（近くの児童生徒に他の教職員を呼ぶように伝える。）

（管理指導表：学校生活管理指導表
　　　　　　　　　（アレルギー疾患用））

発見者（及び応援にかけつけた養護教諭などの教職員）

周囲の安全の確認

反応があるか？　→あり
↓なし

・「エピペン®」の注射（可能な場合）
※2　救命の現場に居合わせた教職員が、「エピペン®」を自ら注射できない状況にある児童生徒に代わって、「エピペン®」を注射することは医師法違反にはならないと考えられます。また、医師法以外の刑事・民事の責任についても、人命救助の観点からやむをえず行った行為と認められる場合には、関係法令の規定によりその責任が問われないものと考えられます。（詳細は食物アレルギー・アナフィラキシー参照）
・119番通報
・AEDの準備、実施

一次救命処置
・気道確保
自発呼吸がない場合
・胸骨圧迫
・人工呼吸
・AED装置　　など

応急処置（プレホスピタルケア）

①状態の把握
・意識状態、呼吸、心拍等の把握
・症状・経過の把握
・基礎情報の確認（管理指導表の確認）
症状は分単位で急速に進行することが多く、観察者は最低1時間は目を離さないようにする。

②応急処置
＊管理指導表の指示に基づいて行う。
＊緊急時の処方がなされている場合には使用する環境を整える。
（「エピペン®」の注射など）
※1「エピペン®」はアナフィラキシーの補助治療薬であり、呼吸困難などの呼吸器系の症状が出現してきたら、すぐに使用すべきである。

連絡

応援

指示

校長・教頭　等
緊急時の対応の実施
1．対応者への指示
2．救急車要請など各種判断
3．必要に応じて主治医等への相談
4．保護者への連絡
　（学級担任が行う）　など

周囲の教職員
（応援にかけつけた教職員）
1．観察者ととも応急処置に参加
2．管理指導表の確認
3．症状の記録
4．周囲の児童生徒の管理
5．救急隊の誘導　　など

救急車要請の目安
・アナフィラキシーの兆候が見られる場合
・食物アレルギーでの呼吸器症状の疑いがある場合
・管理指導表で指示がある場合
・「エピペン®」を使用した場合
・主治医、学校医等または保護者から要請がある場合　など

救急隊へのバトンタッチ

末には児童Xからそばは食べられないことを告げられていたこと，学校の健康診断書には児童Xに気管支喘息の疾病が存在すると記載されていたこと，食べ盛りの児童Xがそばの出る給食時におにぎりとかパン等の給食に代わる食事を持参せず，そばも食べずに五,六学年時を過

ごしてきたこと」も認められており，児童Xが何らかの疾病を持つことの可能性の予測も不可能ではないという点も判断の前提にあることは注意が必要です。

　リスク自体を完全にゼロにするのであれば，各保護者が弁当等を持たせることも考えられますが，給食自体は食育の観点や，食事の保証等の観点から考えれば素晴らしいシステムなので，どのようにすればよりリスクが下がるのかしっかりと考えていくことが重要なように思います。

　また，校外学習等においてリスクがあるにもかかわらず，保護者がエピペン®を持たせないというような場合は，できる限り保護者を説得することが重要ですが，それでも協力が得られない場合で，かつ，重篤な症状が発生する可能性があるような場合には，校外学習には行かせられないという判断をすることもあり得るかもしれません。

　ただ，第2章のような学級崩壊のような状況では，そのような他のリスクについても見逃してしまう可能性が高く，他の先生方としても特に注意をしておく必要があります。

第3章

桐生市
小学生いじめ自死事件
（後編）

第3章　桐生市小学生いじめ自死事件（後編）

事案の概要

　本件は,第2章で扱った事案の事後対応に関するものです。本件では,訴えを提起した際に, 児童Xが自死する前に学校が十分な安全配慮義務を尽くさなかった点のみならず, 児童Xの自死後に学校及び桐生市教育委員会が保護者に対する十分な調査・報告を怠った点についても,違法であると主張されています。本件は, いじめ防止対策推進法が制定されて, 重大事態について調査を行うことが義務とされる前の事案です。したがって, 必ずしも判決で述べられているような義務が, 現在でも全てそのまま学校に課されるとはいえませんが, 学校における調査のあり方を考える際に参考になるポイントがたくさんありますので, 検討の題材としています。

　本件では, ①自死の直後に学校において校長が行った報告書の作成,②被告桐生市による第三者委員会の立ち上げ, ③訴訟における関連資料の提供の3つの段階で, 調査及び報告が適切になされていたかどうかが検討されました。

　判決では, 自死直後の学校による調査, 第三者委員会における調査,訴訟における資料提供のいずれも不十分として, 調査報告義務に違反していると判断されました。

　いじめ防止対策推進法が制定されたことにより,「いじめにより当該

学校に在籍する児童等の生命，心身又は財産に重大な被害が生じた疑いがあると認めるとき」には，「重大事態」として，学校の設置者またはその設置する学校の下に組織を設けて調査を行わなければなりません（いじめ防止対策推進法28条1項1号）。そして，重大事態における調査のあり方について，様々な議論が行われてきました。

　学校や教育委員会は，教育機関であり，捜査機関とは異なる以上，事実の調査能力に限界があることは否定できません。しかし，そのような限界を考慮した上で，学校・教育委員会が負う調査報告義務とは何なのか，本件を通じて検討することができればと思います。

【時系列】

- ▶ 10月23日　児童 X の自死
- ▶ 10月23日以降　A小学校の教諭等に対する警察の聴取，市教委の教員への聴き取り（警察から聞かれたこと及びその回答について）
- ▶ 10月25日　記者会見
- ▶ 10月29日　学校生活アンケートの実施
- ▶ 11月 4日　6年生を対象とした面談の実施
- ▶ 11月 5日　面談結果のまとめ
- ▶ 11月 7日　校長から市教委教育長に校長報告書の提出
- ▶ 11月29日　原告らが桐生市情報公開室を通じて校長報告書を入手
- ▶ 12月　被告桐生市が第三者委員会を設置
- ▶ 平成22年　訴訟を提起

本事案に関する事実関係

1 Aの自死に至るまでの経緯

　児童Xは，小学校4年生でA小学校に転入してきた。小学校4年生の頃からいじめを受け，小学校6年生では，クラスで継続的に悪口を言われたりした。また，9月〜10月には，給食も一人で食べる機会が少なくとも9回はあった。

　なお，担任3は，本件クラスの児童に対し，9月24日（金曜日）の朝，学級生活を振り返るアンケート（以下「振り返りアンケート」という。）を実施し，この結果をもとに，同日の6時間目，教頭及び生徒指導主任の立会のもと，クラスをリセットするためのルール（以下「本件ルール」という。）作りを行い，3つのルールを決めた。振り返りアンケートの際に児童Xが回答した内容は，本訴において，集計結果だけが提出されて，回答書が提出されず，担任3も覚えていないため，不明である。

　そして，10月21日に実施された校外学習日も，「校外学習の日だけ学校に来るのか。」等と他の児童から言われた。そのため，児童Xは，A小学校において「こんな学校もう行きたくない，大嫌いだ。」と大声で泣いて訴えた。当日は，校外学習には参加したものの，その翌日学校を欠席した。そして，10月22日，児童Xは自宅で自死した。※詳細は第2章（94頁以下）を参照。

2 終了後の経過

（1）校長報告書

　ア　父親は，担任2に対し，10月23日午後1時17分，「児童Xが亡くなったから病院へ来てほしい。」と電話をかけ，学校側に本件自死が

判明した。教頭は，同日，病院から被告桐生市の学校教育課長や警察署に本件自死を連絡した。

> **POINT-①** A小学校は，教諭や児童らに対してどのような調査を すべきだったでしょうか。

イ　警察の聞き取りに対する教諭等の回答

A小学校の教諭等は，10月23日以降，警察から，本件自死について聴取され，市教委は，上記警察の聴取を受けた教諭等から，「警察から聞かれたこと」及び「どんなことを答えたか」についての聞き取りを行った。

ウ　A小学校が独自に，本件自死に関し，A小学校の教諭等に対して，聞き取り調査をした形跡はない。

エ　児童Xに対する手紙

A小学校の教諭は，児童に対し，10月25日（月曜日），全校集会において，児童Xが自分で命を絶って亡くなった等と伝え，同日，全校児童が児童Xに対し手紙を書き，各担任がその内容確認を行うこととした。

オ　記者会見

校長は，10月25日，本件自死について記者会見をし，「児童Xが，給食の際，一人になってしまう状況があったため，席替えをして一緒に食べられるよう指導したが，うまくいかず，その後も一人で食べることがあった。一人になる場面が多かったのは運動会が終わった後からと聞いている。なぜ一緒に食べるのが嫌なのかについては今確認し

ている。校外学習日の朝傷つける言葉を言った児童に対しては指導し
た。現時点ではいじめはなかったと把握している。一人で給食を食べ
ていることは良くない状態だと把握していたが，いじめとは把握して
いない。」等と話した。

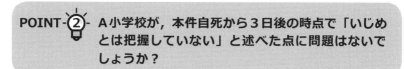

POINT-② A小学校が，本件自死から３日後の時点で「いじめ
とは把握していない」と述べた点に問題はないで
しょうか？

　また，校長は，11月８日，再度本件自死について記者会見し，「嫌な
ことを言われた事実があった。」と話した。

　カ　父親は，校長や教頭に対し，10月28日，原告両名宅を訪問し
た際，「席替えをするなら仲の良い子とするとか，先生が一緒に入ると
かなぜしてくれなかった。アンケートをとってもどうせ嘘なんだろう。」
と話し，校長が，「一つ一つ確かめています。」と答えたが，父親は，「分
かっているじゃないか。なぜ担任３が来ないのか。来ないなら，私が学
校へ行く。児童Xの前で担任３に説明してもらいたい。」等と話した。

　キ　学校生活アンケートの実施と児童に対する聞き取り
　（ア）学校生活アンケート

　A小学校は，６年生を対象に，10月29日，学校生活アンケートを実
施し，翌30日，回答を集計した。このアンケートにおける質問事項等は，
９月14日に文科省初等中等教育局児童生徒課長通知により実施の必要
性が指摘されたことから，A小学校において実施予定であったと校長が
述べるもので，本件自死を想定して作成されたものではなかった。
（筆者註：なお，当該学校アンケートに対する本件クラスの児童37名
の回答の結果は，次の通りである。）

「今の学年になってから，

（ア）友達から悪口を言われたり，仲間はずれにされたことのある者10名

（イ）友達からぶたれたり，蹴られたりしたことのある者15名

（ウ）友達に対して悪口を言ったり友だちを仲間はずれにしたことのある者16名

（エ）友達をぶったり，蹴ったりしたことのある者14名

（オ）友達から悪口を言われたり，仲間はずれにされたりしている人を見たことのある者31名

（カ）友達からぶたれたり，蹴られたりしている人を見たことのある者32名」

というものであり，「ふざけて」と回答した児童も複数いたが，具体例として「仲間はずれにされて口をきいてもらえなかった。」，「休み時間にドッジボール，野球にまぜてやらなかった。」，「バカはふつうに言われる。」等と書いた児童，「よくいじめられる。」と回答した児童もいた。

　児童2は，この学校生活アンケートを基にした聞き取り調査において，「△組の子で避けられている子がいる。私はその子と仲がいいから，普通にしているんだけど，みんなはよけて『きもい』とか言う。男も女もみんな廊下を通るとよける。あまり注意ができないので，その子は元気そうだけど，本当は辛いと思う。注意したいけど，言うのが怖い。何かされそう。」と述べた。

（イ）児童に対する聞き取り調査

　A小学校は，11月4日，午後3時半から午後9時まで，6年生を対象に，学校生活アンケートをもとにして，一人ずつ面談を行い，翌5日，

面談結果のまとめ作業を行った。

　6年生を対象に行った児童に対する聞き取りは，上記アンケートの結果をもとにして実施され，聞き取り事項については実施する各教諭に委ねられた。また，この時の聞き取りでは，児童Xが5年生時に臭いと言われたと訴えた児童に対してその当時のことを聞く，児童Xと一緒に給食を食べた児童2に児童Xが一人で給食を食べ始めてから一度しか一緒に食べなかった理由を聞く等，児童Xのいじめに直接かかわるような質問は行わなかった。

　そして，児童Xが本件悪口を言われたり，給食を一人で食べるようになったりした経緯，児童Xの交友関係の実情や児童Xに対する他の児童の感情等，問題の背景に踏み込んだ十分な聞き取りが行われたとは言い難いものであった。

ク　市教委に対する報告

　（ア）　校長は，市教委教育長に対し，11月7日，本件自死について，警察から聞かれたことについての教諭等からの聞き取り，学校生活アンケートの結果，児童に対する面談と聞き取り，カウンセラー1とカウンセラー2がつけていたノートをまとめたものや，指導要録及び出席簿を含む児童Xについての記録を踏まえたものとして，以下の通り校長所見を示して報告した。

（校長報告書）
給食を一人で食べていたこと等について，当初はいじめと把握することができなかったが，児童との面談や教諭等からの聞き取りによって，複数の児童から心ない言葉を投げかけられたことや，校外学習日に一人で給食を食べていることを泣きながら訴えたことが判明し，児童Xは，一人で給食を食べていたことについて精神的な苦痛を感じていたと考

えられ，いじめがあったと判断するに至った。しかし，児童Xのこれまでの学校生活の様子や，本件自死後の教職員からの聞き取り，児童及び保護者からの情報からは，本件自死を予測することはできず，本件自死への直接的な原因となるものは特定できなかった。

　また，本件クラスにおいては，本件自死の約1か月前に，本件ルール作りのために，本件クラスについてどのように思っているか，どのような点を改善した方が良いと思うか，教諭に何を求めるかについて回答を求める振り返りアンケートを実施しているが，A小学校が，このアンケートの集計結果（乙40）や児童Xを含む各児童の回答を，被告桐生市に報告すべき対象として調査した形跡はない。

　（そして）校長報告書には，本件ルール作りに関する記載はあるが，振り返りアンケートに関する記載は一切ない。

　校長報告書では，児童Xについて，「いじめられるというよりも放っておかれた」と言及した児童がいた旨記載されているが，同じ児童が，児童Xは「他の子に声をかけていたが，『また後で』と言われ続けていたので，だんだん疎遠になった」と言及した点を記載しなかった。

　（イ）　原告両名は，11月29日，桐生市情報公開室を通じて，校長報告書を入手した。

POINT-③-　**本件では，校長報告書の作成の段階で，児童Xの両親に対する聞き取りは行われていません。保護者とのコミュニケーションに際して，どのような点に留意すべきでしょうか？**

（2）第三者調査委員会

　被告桐生市は，12月，本件自死といじめとの因果関係について第三者の立場から公平かつ客観的に調査し，結果を報告することを目的として第三者調査委員会を設置した。

　そして，第三者調査委員会は，被告桐生市が提供した資料等を検討した。このとき，被告桐生市は，第三者調査委員会に対し，本訴で提出した証拠のうち，当時所持していた担任3作成の学級の見立て，学級経営アセスメント研修の写真，振り返りアンケートの集計結果は提出しなかった。また，振り返りアンケートの児童Xを含む児童の回答書については，当時所持していたか明らかではないものの，提供しなかった。第三者調査委員会からも，振り返りアンケートの提供は求めなかった。なお，校長報告書中の記載と被告桐生市から提供を受けた資料に，本件ルール作りが行われたことを示すものがあったが，第三者調査委員会は，これについて自ら聞き取りを行ったり，教諭等に再度の聞き取りを求めたりすることはなかった。

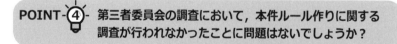

POINT-④- 第三者委員会の調査において，本件ルール作りに関する調査が行われなかったことに問題はないでしょうか？

POINT-⑤- 第三者委員会による調査は，どのようなメリットがあるでしょうか？

　第三者委員会は，委員会報告書を作成し，「A小学校において起こった本件児童に対する言葉によるいじめや仲間はずれ，更には学級崩壊を背景にした給食問題や社会科見学での出来事などの一連の出来事は，本件自死の原因のひとつであるが，そうしたいじめ等の存在が唯一の

原因で，本件児童が自殺をしたと判断することは相当ではない，いじ
めによる辛い思いが自殺の大きな要因のひとつであるとしても，これ
以外の，家庭環境等の他の要因も加わり，自殺を決意して実行したと
判断することが相当である」と結論付けた。

　第三者調査委員会が活動した結果，新たに判明した事実は存在し
ない。

（3）訴訟における情報の提示

　ア　両親は，本訴を提起し，被告桐生市から提出された証拠の写し
として，学校生活アンケートの集計結果，児童に対する面談と聞き取
りの結果，教諭等からの聞き取り，カウンセラー１とカウンセラー２
がつけていたノートをまとめたもの，被告桐生市教育委員会作成の児
童Ｘに関する資料，教育相談部会の資料，生活指導の報告等，学級の
見立て，「平成22年度６年○組関係指導事項等まとめ」と題する書面，
学級振り返りアンケートの集計結果及びＡ小学校が第三者調査委員会
に対して提供した資料の一部を入手した。

　すなわち，両親は，本件訴訟を提起したことにより，Ａ小学校の調査
結果の一部及び被告桐生市が第三者調査委員会に対して交付した資料
を入手することができた。

　イ　しかし，被告桐生市は，振り返りアンケートの集計結果について，
それが児童Ｘに対する他の児童の言動等を調査する目的で実施された
ものではないものの，本件自死の約１月前に行われた本件クラスの状
況等を示すアンケートの集計結果であり，児童Ｘの心情を推し量る重
要な資料であることが明らかであるにもかかわらず，その重要性が分
かりにくい状態のまま訴訟を進行させ（校長報告書のみならず，担任３
作成の陳述書にも，上記振り返りアンケートに関する記載は一切な

い。），当裁判所が提出を求めるまで提出せず，かつ，アンケート回答書そのものを提出しなかった。

　そして，両親にとっては，口頭弁論終結直前（注）になって，被告桐生市が第三者調査委員会に対して提供した資料を提出したことにより，児童Xだけが一人で給食を食べていた回数が９回であることが判明した。

（注）「口頭弁論」とは，原告被告の双方が，裁判所の指揮の下で主張や証拠を提出する手続を指します。口頭弁論が終結すると，原則としてそれ以上主張や証拠を提出することは許されず，裁判所は口頭弁論終結までに出された主張や証拠に基づき判決を行うことになります。

　ウ　本件では，A小学校の５年生の２名の児童が，本件自死後，児童Xに宛てた手紙が原告両名に交付されているが，「自殺しなくてもよかったのに，いじめた人は，本当に最低でいじめられたときは相当苦しかったでしょう」，「A小学校からいじめをなくしたいです」という記載が，後から消去されていた。

POINT-⑥- 訴訟において両親がいくつかの情報が得られたことで，桐生市は義務を果たしたと言えるでしょうか？

POINT-⑦- 現在施行されているいじめ防止対策推進法に基づいた対応と何が違うでしょうか？

POINT-⑧- 第三者委員会等の判断は，日本スポーツ振興センターからの支給にどう影響するでしょうか？

**参考事例：私立中学校において，生徒の自死後の調査報告義務違反
　　　　　が認められた事例**

※本件とは異なる事案で調査報告義務が問題となった事例について紹介させていた
　だきます。

　Xは，平成18年4月から私立K中学校3年F組に属する生徒であった。
また，原告Y及びZは夫婦であり，Xの父母である。

　教員らは，Xと生徒Bとの間にトラブルがあったことを認識してい
た。また，生徒BはXが窃盗事件の犯人として告発した人物であり，
Xが生徒Bの退学の可能性を口にしていた。そして，教員らは，7月
4日に警察署において，原告Zから，Xが自殺前日，サッカーの授業
中にサッカー部員にボールを頭にぶつけられたと話していたことを聞
いていた。

（1）Xの自殺（7月4日（火））

　Xは，朝，普段通学に使用している革靴ではなくスニーカーを履き，
通学用のバッグではなく空手教室用のバッグを持って家を出た。その
後，午前11時11分ころにゲームソフトを購入し，同22分ころから午
後1時21分ころまで，インターネットカフェに滞在し，午後1時29
分から34分発のg駅発のh線に乗り，午後1時46分，自宅最寄りのf
駅で自死した。

（2）ホームルームクラス担任の対応

　ホームルームクラス担任は，7月4日午前8時30分からのホームルー
ムでXが欠席していることを確認した。ホームルームクラス担任は，
今まで休んだことがなかったXが欠席していたので，珍しいと思った。
ホームルームクラス担任は，Xが事前連絡なく欠席していることを学

年主任に報告したところ，学年主任から，「前日頭が痛いと言っていた。連絡して下さい。」と言われた。ホームルームクラス担任は，この日，1時間目と2時間目の授業以外には担当授業はなかったが，特に緊急を要するとは考えず，しばらく連絡をしないままでいた。ホームルームクラス担任は，午後1時46分になって原告らの自宅に連絡を入れ，留守番電話に，「X君いかがでしょうか。また，お電話をいたします。」というメッセージを残した。

（3） 警察からの連絡の後の対応

　ホームルームクラス担任は，7月4日午後3時半ころ，警察からXが自死した旨の電話連絡を受け，その際，「いじめはあったか。」という内容の質問を受けたが，これを否定した。ホームルームクラス担任は，自死の原因として考えられる出来事として，前日にXから聞いた話の内容が思い浮かんだ。そこで，ホームルームクラス担任は，警察に対して，前日にXからほかの教師とともに話を聞いたことがあること，ただし，その経緯は電話では差し支えるので警察に行ってから話す旨伝えた。授業クラス担任，学年主任は，職員室でそのやりとりを聞いていた。学年主任とホームルームクラス担任は，教頭に警察からの話の内容を報告した。学年主任，授業クラス担任，ホームルームクラス担任らは，警察から事実関係について調査するようにとの指示は受けていなかったものの，盗難目撃の訴えの件や前日の面談の件などの事実関係を話す必要があると考えた。そして，教頭らは，6月14日に，生徒Bとトラブルがあったこと，その後，生徒Bが生徒Aの財布盗難に関わっているのではないかとの申出があったこと，5月11日に違う生徒に殴られるというトラブルがあったことなどの事実関係を確認し合った。

（4）　警察でのやりとり

　ア　教頭，学年主任，ホームルームクラス担任は，午後5時30分に警察署に到着した。警察からの事情聴取が終わった午後6時半ころ，原告Zと面会した。

　原告Zは，なぜXが学校に登校していないことを自分に連絡しなかったのかと尋ね，ホームルームクラス担任は謝罪した。また，原告Zは，学校での様子を尋ね，学年主任は，「昨日（7月3日），一昨日（7月2日）から頭が痛いと言っていた。」と答えた。これについて,原告Zは，前日，Xが帰宅後に，サッカーの授業でゴールキーパーをしていたときに何度かボールが頭に当たったと話していたことを伝えた。また，原告Zは，Xは日ごろから学年主任の名前を口にしており，学年主任を信頼していたようだったとの話をした。

　話の途中，原告Zは，警察から，Xの遺品であるバッグを確認してほしいと言われた。原告Zは，見せられたバッグが通学用のバッグでないことに驚いた様子を見せた。

　イ　その後，午後7時ころ，原告Yが合流した。原告Yは，教頭ら3人に対し，「息子は楽しく学校に通っていたのに何でこんなことになるんだ。息子が学校を休んでいるのに，なぜ，連絡が遅いんだ。連絡が入れば自殺は防げたはずだ。」などと激しく叱責し，詰め寄る場面もあった。原告Yは，Xの自殺の原因は学校にあり，原因を明らかにした上で学校が責任を取るべきであると主張した。

　学年主任らは，Xがほかの生徒から悪口を言われていたこと，Xは,その直後に，その生徒が盗みをしているのを目撃したと訴えてきたこと，その後，数回にわたり本件盗難事件の事実関係についてXと話合いをし，前日もその件で話合いをしていたこと，7月4日は，朝の出欠確認でXが登校していないことを確認したが，風邪と思いすぐには

家に連絡を入れなかったことなどの事実関係を説明した。

　原告Yは，原告Zに対して，盗難事件について何か聞いていないかと尋ねたところ，原告Zは，「前に，Xが，何件かの盗難が学校で起きている，学校で大変なことが起こっていると話すのを聞いたことがある。」と答えた。また，原告Zは，当日，Xが普段の靴と違う靴を履いて登校した話に触れて，後でXに確認するつもりであったと述べた。

　ウ　その後，場所を変えて，教頭ら3人，原告ら2人の5人に加え，生徒部主任と授業クラス担任が加わり，午後11時過ぎまで原告らと話合いを行った。被告らは，原告らに対して，警察で話した内容と同じ説明を繰り返した。原告Yは，Xの死亡は学校に責任があるとの考えから，被告らは何かを隠しているのではないかと疑い，被告らに対して激しい口調で非難し，大声で被告らを「殺す」などと言うこともあった。

（5）その後の状況

　ア　原告Yは，被告らの自宅や携帯電話に連絡するなどして，Xの死亡に関する事実関係の説明を求めたり，Xが自殺したことをほかの生徒に話さない被告らの対応を非難することがあった。被告F，学年主任，授業クラス担任，ホームルームクラス担任は，7月12日，原告らの要望で，花を持ってf駅に赴き，弔意を表した。

　イ　原告ら代理人事務所での協議

　原告ら，被告F，授業クラス担任，学年主任，ホームルームクラス担任は，7月13日，原告ら代理人の弁護士事務所に集まった。被告Fらは，原告ら代理人から事実確認を求められた。

　原告らは，ホームルームクラス担任が7月4日に残したメッセージを聞かせ，ホームルームクラス担任に対し，「おまえにうちのは殺さ

れたんだ。責任を取れ。」と非難した。被告担任3は，原告ら代理人から，欠席確認体制について質問され，欠席した場合，家に連絡することが慣例化している旨説明し，電話連絡はもっと早い方が良かったと述べた。

　また，原告Yは，学年主任に対して，7月3日にXを自殺に追い込むようなことを言ったのではないか，何か隠していないかなどと質問したが，学年主任はこれを否定した。

　原告ら代理人は，被告Fに対して本件盗難事件については調査委員会を作って再調査しその詳細を報告すること，7月3日にXと話合いをした内容を詳しくまとめること，Xの死亡について終業式（7月15日）に生徒に説明する内容及び保護者に説明する文案を翌日までに見せること，などを要請した。これに対し，被告Fは，本件盗難事件の当事者である生徒個人の氏名は教えられないが，再調査その他の要望には対応する旨伝えた。

ウ　K中学校での協議

　（ア）　原告らは，7月14日午後1時ころ，Xの死亡を生徒らに説明する文案を調整するためにK中学校を訪れ，校長室で協議した。

　原告Yは，被告Fが作成した原案に修正を加え，これを踏まえて，午後5時過ぎ，被告Fは新しい文案を作成して原告ら代理人にFAXで送付した。原告ら代理人は，午後6時ころ，上記文案をさらに修正した文案（乙1）を送信した。被告Fが作成した原案及び修正された文案は，実際に生徒らに配布された文書（甲14）に比べ，Xが登校してから死亡するに至る事実経過が詳細であり，Xの死亡に関して全面的に学校側の落ち度を認める内容になっていた。

　（イ）　被告Oは，原告らと被告担任3が話合いをしているころ，被告F作成の原案の内容について，カウンセラーと相談した上，もっと

事実関係を簡潔にして，哀悼の意を表する内容に修正することを検討していた。

（ウ）　その後，原告Yが理事長を呼ぶよう要求したことから，被告Oは，副校長のNに呼ばれて，校長室に入り話合いに加わった。被告Oは，原告ら代理人がFAXで送ってきた修正案を見て，原告らに対し，「原告らの意見は聞くが，生徒に対してどのように話をするかは教育的な判断で学校が判断して決めることである。」旨伝えた。そして，「校長がこのとおりの話をするのであれば，辞表を書いてもらうしかない。」と述べた。原告らがXの死亡に関する責任を追及すると，被告Oは，「道義的な責任はあるが，法的な責任はないと考えている。」旨回答し，被告らには法的な責任があるはずであると繰り返し主張する原告らに対し，「この件については，弁護士にも話しており，責任に関してそのように言うのであれば，裁判などの第三者の判断を仰ぐしかない。」旨述べた。

また，原告Zから，連絡が遅かった点に関する見解を問われ，被告Oは，原告Zが，通学靴ではない靴で家を出たのを不思議に思わなかったことを引き合いに出し，「担任も，前日頭が痛いといって帰宅したので，風邪でも引いて連絡が遅くなっている程度にしか考えなかった。」旨答えた。

（エ）　結局，生徒及び保護者に対する文案の調整は折り合いがつかず，両者の話合いは決裂した。その後，被告Oは，原告らからの電話に対し，「これからは弁護士を通して下さい。前日に被告Fが約束した事実関係に関する調査については拒否します。」と回答した。

エ　その後，原告ら代理人は，被告Fが7月13日に約束した事実関係の調査の履行を求めたり，話合いの機会を設けるように求めたが，被告らとの間で協議の場が設けられることはなかった。

（6）Xの死亡に関する調査状況

　Xの死後，被告学校法人としては慎重に対応するとの方針が出て，学年主任ら現場の教師もそれに従って動くことになった。教師達は，自分の把握している情報をまとめて理事らに報告することはしたが，Xの同級生に対してXの生前の様子を聞いたり，Xが目撃したとされる本件盗難事件の当事者に対する事情聴取などの調査は一切行わなかった。

（7）欠席連絡の体制の変更

　K中学校では，Xの自殺後，7月18日以降の夏期講習の出欠確認について，講習中の出欠確認を確実にし，事前連絡のない生徒には家庭への連絡を徹底することになった。具体的には，学年毎にホワイトボードに欠席者を事前連絡のある生徒とない生徒に分けて記載し，後者については午前10時30分までに連絡がない場合には，家庭に連絡を入れ，午後以降も連絡を取り続けるという取扱いに変えた。このような欠席確認体制は現在でも行われている。

POINT-⑨- 私立学校はどのようになっているのでしょうか？

POINT-⑩- どのような再発防止策が考えられるでしょうか？

教員×弁護士　議論

POINT-①--③　直後の対応とその判断
（アンケートについて）：校長報告書

O弁護士　本事案では，児童Xが自死した後の学校及び教育委員会，桐生市の対応が調査報告義務に違反する，ということが認められました。一般論として調査報告義務が認められること自体は，被告桐生市も争っていません。「調査報告義務」とは，この判決では以下のような内容として説明されています。

在学中の児童が自死し，それが学校生活上の問題に起因する疑いがある場合，当該児童の保護者がその原因を知りたいと切実に考えるのは自然なことであり，公立小学校の設置者である地方公共団体と在学する児童の保護者との間には，公法上の在学契約関係が存在し，この在学契約関係の中で，教諭らは学校における教育活動及びこれに密接に関連する生活関係において児童らを指導するのであるから，地方公共団体は，上記法律関係の付随義務として，児童が自死し，それが学校生活上の問題に起因する疑いがある場合は，必要かつ相当な範囲内で，速やかに事実関係の調査（資料保全を含む。）をし，保護者に対しその結果を報告する義務

P教員　なるほど。確かに，保護者の立場からすれば，自分の子どもが自死をしてしまった，その原因を知りたいと思うことは自然なことですね。しっかりと調査をすることは必要と認識していましたが，法的義務まであることは認識していませんでした。

　ちなみに，具体的には，学校はどのような調査義務を負うことになるのでしょうか。

　そうですね。安全配慮義務と同様に，調査報告義務についても抽象的な義務です。したがって，「児童が自死し，それが学校生活上の問題に起因する疑いがある」場合に，学校及び教育委員会に具体的な義務が発生することになります。

　その点について，判決では以下の通り判断されています。

> 児童Xは，本件自死の2日前に，A小学校において「こんな学校もう行きたくない，大嫌いだ。」と大声で泣いて訴え，その翌日学校を欠席したのであるから，本件自死が学校生活上の問題に起因する疑いのあることは明らかであり，被告桐生市は，本件自死当日に，本件自死を知らされた時点で，必要かつ相当な範囲内で，速やかに事実関係の調査をし，保護者に対しその結果を報告する義務を負ったものである。

　児童Xが自死する直前に，学校の校外学習において大声で泣いて訴えており，翌日欠席していたことから，「学校生活上の問題に起因する疑いがある」として，具体的な調査義務が発生したと判断しています。

　そして，「被告桐生市，そしてA小学校の教諭らや市教委の委員らは，公務として，上記同様の調査義務を負い，実際調査を行っていたのであるから，それが必要かつ相当な範囲の調査であり，調査の結果を原告両名に報告していれば，上記調査報告義務の違反にはならないと考えられる。」として，「必要かつ適切な範囲の調査」が行われたかどうかを検討

しています。

なるほど。そうすると，「必要かつ適切な範囲の調査」かどうかが論点になるのですね。自死まではいかなくても，いじめの段階で調査をした際に，学校としては十分調査したつもりであるにもかかわらず，なかなか十分に調査したと保護者の方に納得していただけないケースもありました。そのため，調査はどこまでやるべきなのかは，正直いつも良く分からないと感じています。

そうですね。まさにそのような点につき具体的に議論できればと思います。
　さて，教員の皆さんであれば特に実感があると思いますが，保護者への説明のタイミングは1回だけではありません。本件では，❶自死直後の学校独自の調査，❷第三者委員会における調査，❸訴訟における情報提供，と大きく三段階に分けて検討しています。
　まずは，このPOINTでは，自死直後の学校独自の調査について議論したいと思います。

ただ，正直，生徒の自死に直面した経験がないので，なかなか自分の意見も言いにくいのですが……。

そうですね，もちろん，関わっている生徒が自死した経験が多い先生はいないと思います。だからこそ，この判決に示された学校の教諭の立場に立ってみて考えることが重要です。

Q教員

分かりました。

O弁護士

本件では，事例の通り，学校は，❶警察の事情聴取を受けた教諭への聴き取り，❷10月29日に実施した学校生活アンケート，❸❷の学校生活アンケートに基づき11月4日の6年生を対象とした面談を行い，これらに基づいて，校長報告書を作成し，市教委教育長宛に提出しました。これらの調査については，裁判所は相当厳しい判断をしています。

　例えば，❶については，「市教委が実施した警察から何を聞かれたかについての聞き取りといういわば組織防衛を目的としたもの」と評価しています。

P教員

確かに，かなり厳しい表現ですね。単純に，どのようなことを警察が確認するのか，気になっただけかもしれないのに，それを「組織防衛」と評価するのはどうなのでしょうか。教員は，警察で何を聞かれたのか確認してはいけないのでしょうか。

S弁護士

確かに，「組織防衛」という言い方自体，やや批判的なニュアンスが入っているようにも感じますが，ここでの文脈としては，警察での調査内容について聴き取りを行ったこと自体の批判というよりも，そのような聴き取りを基に報告書を作成したという点です。校長報告書の基礎とするには，あくまでも，学校側でいじめに関する事実確認のために事情聴取を行うことが必要ということですね。本件では，特定の児童へのいじめについて調査を行う必要がある中で，児童アンケートや児童からの聞き取りを基にして，教諭らに対して聞き取りを行う，といったことがされなかったとのことですので，やはり調

査としては不十分な印象を受けます。例えば，児童への聞き取りによって，対象児童が「からかわれていることがあった」とか「一部の児童から悪口を言われているところを見たことがある」などといった事実が出てきた場合に，その事実を踏まえて教員らに聞き取りを行うことで，教員らの記憶が喚起されることもあるでしょうし，教員等の目から見て事実関係が異なるということに気付く場合もあります。なので，事実の確認は，できる限り多角的な視点で行うのが望ましいでしょう。

　ただ，警察の捜査が行われている段階で，教員の記憶に影響を与えたりすることは，できれば避けるべきかと思います。その意味では，弁護士や警察とも相談をしながら，学校としての聴き取りを行うことは必要だと思います。

まずは事実確認ということですね。焦ってしまうと，今何をしているのかを記録することを考えてしまいそうなので，注意をしたいと思います。ただ，事実確認が重要なことは理解しましたが，本件では，特にどのようなことを確認すべきだったのでしょうか。

今回特に重要性が指摘されているのは，9月下旬頃に行われたアンケートです。判決は，以下のように述べて，そのアンケートの重要性を指摘しています。

上記回答書は，本件自死の約1月前，児童Xが一人だけで給食を食べ始めた9月28日（火曜日）の4日前の金曜日に，児童Xが，本件クラスについてどのように思っていたか，「本件クラスの人達があなたに親切にしてくれると全く思わない」と回答した児童5名に含まれるのか否か等を

知ることのできる，本件自死の背景を調査するにあたって重要な資料であることは明らかである（したがって，仮に，A小学校において，これを廃棄したとすれば，それ自体，重大な調査報告義務違反にあたるというべきものである。）。

そして，振り返りアンケートの実施やこれに基づく本件ルール作りに関わった者（担任3，生活指導主任及び教頭）及びそれらの報告を受けた校長は，本件自死を知らされた時点で，児童Xの振り返りアンケートの回答内容を確認すれば，容易かつ迅速に，そして本件クラスの児童の心情に影響させずに，児童Xの心情等を知り得る可能性のあることに気付いたものと推測される。

　このように，アンケートは自死前の児童Xの心情を知ることができる非常に重要な資料だったにもかかわらず，校長報告書では，このことについて一切触れていませんでした。

なるほど。確かに，振り返りアンケートは，当時のクラスの状況を知る上では大変重要ですね。ただ，校長が当時の状況をどこまで認識していたのか気になります。そもそも，クラスが荒れている状況を認識していなければ，このようなアンケートの存在に気付かない可能性もあるのではないでしょうか。

そうですね。ただし，校長としては，既に児童Xが在籍するクラスが学級崩壊状況にあったことで，8月にアセスメント研修等も行っていた以上，児童Xのクラスが荒れていたこと自体は十分に認識していました。そして，そのクラスの中で行われているアンケートであるため，校長も振り返りアンケートの存在は認識して

いた可能性は高いと考えられます。

　なお，児童Xの自死の直後に学校生活アンケートと聴き取りも行われていましたが，学校生活アンケートについては，①そもそも本件とは関係なく行われたものであること，また，聴き取りについても，②聞き取るべき事項等について，事前に決めていなかったことで，十分な調査がされなかったと指摘されています。その結果，以下のような点で不十分な調査となってしまいました。

児童Xが5年生時に臭いと言われたと訴えた際のうしろの席の児童に，その当時のことを聞いておらず，児童Xと一緒に給食を食べた児童2に児童Xだけが一人で給食を食べ始めてから一度しか一緒に食べなかった理由を聞いていない等具体的に判明している事実について踏み込んだ聞き取りが行われていない。そして，児童Xが本件悪口を言われたり，給食を一人で食べるようになったりした経緯，児童Xの交友関係の実情や児童Xに対する他の児童の感情等，問題の背景に踏み込んだ十分な聞き取りが行われたとは言い難いものであった。

　そして，校長報告書の内容としても，次の通り不十分と判断しました。

校長報告書は，その半分以上を本件自死後における学校の対応について記載したものであり，本件クラスの状況や学校がとった対策，児童Xが他の児童から悪口を言われていたことや，給食時の様子及び校外学習日の様子を羅列しただけのものであ……る。
しかも，校長報告書には，①児童Xのことをいじめられるというよりも放っておかれたという児童がいた旨記載されているが，その児童は，同時に②児童Xが「他の子に声をかけていたが，『また後で』と言われ続けてい

たので，だんだん疎遠になった」とも述べているのに，上記①のみを記載したものであった。

「校長報告書は，その半分以上を本件自死後における学校の対応について記載したもの」とありますが，実際，事後的な対応ばかり詳細に記録されている例は少なくない気がします。

そういわれてみれば，特に保護者とのやりとりについて，注意している気がします。しかし，保護者とのやりとりも記録しなければ，保護者との間で何を言ったのかどうかに認識の違いが生じてしまわないでしょうか。

Q教員

ご指摘の観点は非常に重要だと思います。ただし，本件の「校長報告書」は，何があったかを桐生市教委に対して報告するための報告書です。そうだとすれば，やはり，保護者とのやりとりのみならず，そもそも，学校としてどのような事実があったと認識しているのか，記載することが重要です。

S弁護士

なるほど。当該書類の目的によって，記載すべき内容を考えるということですね。このようないじめに関する報告書を作成する際に，事実関係のまとめ方について何か気を付けるべきことはありますか。

Q教員

そうですね。私は，事実関係で特に重要なことは，なぜそのような行為が行われるに至ったのか，という背景を分析することだと思っています。特に，深刻ないじめは，突然始まる

O弁護士

ことはなく，軽い行為から徐々に深刻化していくものです。そのため，一緒に行動するようになってから今まで何があったのかを確認することが必要です。

　よく，調査報告書の中には，行為を一つずつ取り出していじめかどうか分析しているものもあります。もちろん，一つ一つの行為がいじめに該当するかの判断は必要だと思いますが，それだけでは分析として不十分で，学校として再発防止として何をすべきなのかも分からないと思います。

そうですね。普段の生活の中では，児童生徒が不適切な行為をすれば，教員としては，すぐにその行為を一つずつ指導していく形になります。ただ，普段の生活の中で児童生徒の様子はよく見ているからこそ，あえて今までの経緯等にも踏み込むことまでしないことが多いように感じます。しかし，そのような普段の指導と，重大ないじめが起きたときの確認とは，区別しなければならないですね。

はい。その切り替えが難しいかもしれませんが，ぜひ，先生方には意識をしてほしいところです。

　さて，今回の遺族の方は，校長報告書を，校長からではなく，桐生市情報公開室を通じて入手しました。私個人としては，情報公開をさせて校長報告書を提供するのであれば，そのような手続を通すことなく，任意で開示してほしいと思います。情報公開請求すること自体，保護者にとってはハードルが高いものですので。

そもそも，このような報告書について，情報公開室を通じて提供するのか，普通に提供するのか，どのようなメリット・

デメリットがあるのでしょうか。

 情報公開の手続を経ることにより，各自治体の担当部署が，情報公開条例等に基づいて開示の可否を判断することになります。学校としては，開示する情報に他の児童に関する個人情報等が含まれていることなどもあるので，情報公開の手続を受けて提供する方が情報公開条例に則った対応をすることができると考えられます。

　ただし，情報公開の手続を通じて資料を入手するように伝えることは，それだけで，ある意味，その後の紛争や裁判手続を意識している印象を保護者に対して与えるため，さらに対立構造が強化されてしまうおそれがあります。

　もちろん，どこまで直接学校や教育委員会が説明すべきなのかは事案によるので一概には言えませんが，やはり，できる限り直接説明した方が丁寧だと思います。

 なるほど。確かに，普段の業務の中では，常に何かあったら保護者に連絡するように意識していますが，対立的な状況になってしまうと，慎重になってしまう気持ちもよく分かります。もちろん，普段から情報公開条例の関係等まで意識していれば良いのですが，普段のコミュニケーションの中で条例の根拠を意識するのはかなり難しい気がします。

 情報公開条例にせよ，個人情報保護条例にせよ，「法律に従って資料の開示の可否を判断」と言うとハードルが高いように感じられるかもしれません。しかし，実は，それぞれの条例は，

原則と例外が明確であり，考え方自体は一度身につければそこまで難しいものではありません。例えば，情報公開条例は原則として「公文書」は公開の対象となるため，非公開となる例外に該当するかどうかを判断することになります。

　また，もし，学校や教育委員会において文書を公開するべきか否かの文書判断が難しい場合には，最近導入が進んできているスクールロイヤーに相談をしつつ，可能な範囲で情報提供をするのが良いと思います。

P教員

なるほど，弁護士というと訴訟をイメージしていましたが，このような場合にもスクールロイヤーに相談できるのですね。

POINT-②- 記者会見での対応

O弁護士
安全配慮義務とは少し話は離れますが，記者会見について検討したいと思います。記者会見において，学校は，以下のような説明をしました。

児童Xが，給食の際，一人になってしまう状況があったため，席替えをして一緒に食べられるよう指導したが，うまくいかず，その後も一人で食べることがあった。一人になる場面が多かったのは運動会が終わった後からと聞いている。なぜ一緒に食べるのが嫌なのかについては今確認している。校外学習日の朝傷つける言葉を言った児童に対しては指導した。現時点ではいじめはなかったと把握している。一人で給食を食べていることは良くない状態だと把握していたが，いじめとは把握していない。

　そして，このような学校の説明について，原告側は「調査報告義務違反である」と主張しています。しかし，裁判所は，この点については，以下の通り判断しました。

原告両名は，校長が平成22年10月25日の記者会見においていじめを否定したことについて，調査報告義務に違反すると主張する。
しかし，上記記者会見は，本件自死のわずか2日後に行われたもので，その時点で判明していた，児童Xの給食時の状況や校外学習日に傷つくことを言われたことについては明らかにした上で，未だ事実関係を調査中であることを前提に，現時点ではいじめがなかったと把握していると述べたものであると考えられることからすると，上記発言をとらえて，虚偽の事実を報告したもので，報告義務に違反したとまでいうことはできない。

P教員

この時点で，いじめはなかった，という言い方をするのは，適切なのでしょうか。

O弁護士

適切とは言いにくいかもしれませんが，調査報告義務に違反するとまでは言えない気がします。ただ，この時点で，もし調査中であれば，そのような推測で述べるのではなく，調査中なので分からない，と説明した方がより正確だったのではないでしょうか。

P教員

なるほど。記者会見とか全く経験がないのでイメージできないのですが，どのような点に気を付ければ良いのでしょうか。

S弁護士

そうですね。①分かっている事実は説明する，②分かっていない事実は，推測で回答せず，分かっていない，あるいは調査中であると伝える，ということでしょうか。言ってみると当たり前ですが，緊急時で情報が錯綜している場合は，特にこれは注意する必要があると思います。

　また，可能な限り，学校が誠実に対応することを示すため，その後のスケジュールについても言及した方が良いと思います。本件では，調査にどの程度期間がかかるのか，この記者会見の時点では見通しが立たなかったかもしれませんが，そのような場合であっても，後日，見通しが立った段階でアナウンスを行う，暫定でも良いので，調査の状況によってはスケジュールに変更があり得ることを述べつつ仮の予定を発表するということが重要です。

　記者会見というと，イメージしにくいかもしれませんが，先生方も，例えば，保護者会で気を付けていることはありますか？

保護者会では，クラスの様子や，今後の学校行事の予定等を
お話しします。このときには，①クラスの様子について正確
に話をし，②家庭で協力してほしい点を明確にします。また，
重要なことについては，プリントに記載して配付するようにすると思い
ます。

まさにその感覚です。今回，安全配慮義務違反にはなってい
ませんし，今回は訴訟で認定された事実だけを前提としてい
るのでその背景は十分に分かりませんが，妥当性の観点から
言えば，調査中であれば，「いじめはなかった」と言ってはいけないと思
います。例えば，保護者会で，当該クラスにいじめがあったかどうか不
明なのに，「いじめはない」と保護者には伝えないですよね。

今まであまり意識して考えたことがなかったですが，保護者
会でも注意をしてみようと思います。

O弁護士 ここでは，第三者委員会の調査について，検討したいと思います。

P教員 第三者委員会の委員というのはあまり経験がないですね…。

O弁護士 おそらくほとんどの先生は，第三者委員会についてはニュース等で時々聞く程度だと思います。まずは，第三者委員会の目的から，一つずつ確認できればと思います。

　今回の第三者委員会は，その目的が「本件自死といじめとの因果関係について第三者の立場から公平かつ客観的に調査し，結果を報告すること」とされています。そして，上記目的を前提とした上で，その調査方法について以下の通り説明しています。

　そして，第三者調査委員会として，上記目的にそう調査報告をするためには，被告桐生市から提出された資料を検討するだけではなく，あるべき資料がすべて提出されているか確認し，不足があればその提出を求め，A小学校が実施した教諭や児童に対する聞き取りが不十分である場合には，これを補足するための聞き取りを実施すること等が必要である。

Q教員 第三者だからこそ，その元の調査にしばられずに，不足があれば追加の資料の提出を求めたり，追加の聴き取りをすることが必要なんですね。

　他方で，私たちも，当然，事実関係を客観的に確認しようとしている

のですが，何が違うのでしょうか。

　もちろん，教員の方々が行った調査すべてが不十分であるという訳ではありません。ただし，一般論としては，やはり自分に不利なことを十分に調査しなかったり，隠したりする「可能性」もあり得ると思います。そのため，批判されたりする当事者ではない人，つまり「第三者」の立場で検証することが求められます。

　ただし，学校や教育委員会（私立学校の場合は学校法人）が立ち上げる第三者委員会は，生徒や保護者に対して話すことを強制することはできません。あくまで，任意で応じてもらえれば，お話を聞くことができるにすぎません。その意味では，第三者委員会であってもやはり調査できることに限界があることは否定できません。

　その点では，学校での事実確認とも変わらないですね。

　そうですね，第三者委員会については，様々な課題について議論をされています。その点について，もし関心があれば，『季刊教育法』という雑誌の197号で「いじめ重大事態の『第三者調査委員会』─その現状と今後のあり方」という記事がまとめられていますので，ぜひ読んでみてください。

　さて，本来であれば，第三者委員会により客観的な調査が十分になされていれば，桐生市としては調査義務が果たされたことになります。しかし，この判決では，以下のように述べて，第三者委員会でも十分に調査がなされなかったと判断しました。

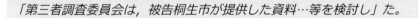

「第三者調査委員会は，被告桐生市が提供した資料…等を検討し」た。

他方,「被告桐生市は,第三者調査委員会に対し,本訴で提出した証拠のうち,担任3作成の学級の見立て,学級経営アセスメント研修の写真,振り返りアンケートの集計結果を当時所持していたにもかかわらず提供せず,また,振り返りアンケートの児童Xを含む児童の回答書については,当時所持していたか明らかではないものの,提供しなかった。」また,第三者調査委員会からも,振り返りアンケートの提供を求めなかった。

「また,第三者調査委員会は,校長報告書中の記載に加え,被告桐生市から提供を受けた資料のなかから,本件ルール作りが行われたことを認識することができたのに,本件ルールの内容を調査しようとした形跡がない…。

さらに,…第三者調査委員会は,…これを補足するために自ら聞き取りをするか,教諭等に対し再度の聞き取りを求め」なかった。

P教員

十分でないと判断したポイントは何なのでしょうか。

O弁護士

大きく分けて,❶桐生市側が9月中に実施した学級振り返りアンケートの提供をしなかっただけでなく,第三者委員会側もその提供を桐生市に求めなかったこと,❷本件ルール作りについて確認しなかったこと,さらに,❸追加で聴き取りを求めたりしなかったことがポイントとなっています。

P教員

しかし,このように重要な資料かどうか,という点はどのように判断すれば良いのでしょうか?

〇弁護士 やはり，いじめの背景に何があったのか，を解明することに役立つかどうかという点が重要かと思います。

　本件では，特に，児童Xのいじめが深刻化した背景には，学級崩壊というクラスの状況がありました。そして，学級崩壊がかなり深刻化していた9月の段階で，学級生活を振り返るアンケートを実施しています。そのアンケートの重要性について，判決では以下の通り述べられています。

> 被告桐生市が提供しなかった上記資料は，本件クラスの状況やこれに対する学校の対処，本件自死の約1月前に児童Xの心情等を示すもので本件自死の背景を調査するにあたって重要な資料である。そして，本件クラスの状況やこれに対する学校の対処については，被告桐生市が第三者調査委員会に対し提出した児童からの聞き取り結果や，本件クラスの指導事項等のまとめによってもある程度明らかにはなるものの，本件自死の約1月前の児童Xの心情については，振り返りアンケートの集計結果や児童Xを含む児童の回答書に代替しうる資料はない。

　また，判決は追加の聴き取りについても，以下の通り重要性を説明しています。

> （第三者調査委員会が調査した期間であれば，A小学校の教諭（担任3，〇，教頭及び校長），本件クラスの児童等，大勢の者が本件ルールの内容を記憶していたと思われ，第三者調査委員会が本件ルールの内容を調査していれば，本訴においても事実認定することが可能になったと思われる。）

　第三者委員会が出した最終的な結論では，学校でのいじめは大きな要

因であると認定しつつも，家庭環境等の要因が加わった結果であると判断しました。

A小学校において起こった本件児童に対する言葉によるいじめや仲間はずれ，更には学級崩壊を背景にした給食問題や社会科見学での出来事などの一連の出来事は，本件自死の原因のひとつであるが，そうしたいじめ等の存在が唯一の原因で，本件児童が自殺をしたと判断することは相当ではない，いじめによる辛い思いが自殺の大きな要因のひとつであるとしても，これ以外の，家庭環境等の他の要因も加わり，自殺を決意して実行したと判断することが相当である。

〇弁護士

この判断で問題なのは家庭の要因を考えることにより，学校の改善点の指摘もなくなってしまう点です。学校の対応の良し悪しにかかわらず，悲しい事件を起こさないために何ができたのか，十分に考え，再発防止につなげる姿勢は不可欠だと思います。

POINT-⑤- 第三者委員会の対応とその判断（その②）

他方，第三者委員会において提出されなかった振り返りアンケートの内容は，以下の通り，かなり生々しいものでした。

O弁護士

（ア）　本件クラスが明るく楽しいクラスだとまったく思わないと回答した児童が1名，あまり思わないと回答した児童が3名いた。

　本件クラスの人達が助け合っているとまったく思わないと回答した児童が2名，あまり思わないと回答した児童が24名いた。

　本件クラスの人達があなたに親切してくれるとまったく思わないと回答した児童が5名，あまり思わないと回答した児童が12名いた。

（イ）　最近の学級について思っていること

　a　授業中について

　授業中うるさい・さわいでいる18人，出歩いている人がいる2人，うるさいので授業がストップしてしまう，先生にため口をきいている，席替えばかりして授業がつぶれる等。

　b　クラスについて

　色々なことに誘ってくれる友達がいない，先生がみんなの意見をきいてくれない，先生に対して態度や言葉遣いが悪い3人，先生の話を聞かない2人，事故が多い等。

（ウ）　最近の学級について改善した方がいいと思うこと

　a　授業中について

　授業中に出歩きやおしゃべりをしない，授業に集中して明るく楽しいクラスにする，静かにする，授業中しゃべらない，授業をもっと楽しくする等。

　b　生活全体について

　先生の話を良く聞いてうるさくしない，先生に対する態度を直す，席

替えして変わらなかったので自分では何も考えられない，先生が生徒の意見を無視しない等。

（エ）　先生への注文

　全ての授業をコース別にする，席替えのときくじ引きとかではなく，先生が決める席にしてほしい，クラスの人を少しかえる，クラスがえ，週に１回程度レクを入れてほしい，男子がけんかしてたら止めるけど女子が泣いてても気づかないし話しも聞かない，もっと怒ればみんな静かになると思う，今までの先生は「とってもこわい」と言ってもよいほど怒るのが怖かった，担任３先生は甘いと思う，うるさい人を怒って，それでもだめなら廊下に出してもいいと思う，他の先生を連れてきてもいいと思う，困っている生徒の意見を聞いて何とかしてほしい，先生に自分から何かしてほしい，その場で注意してほしい，明るく授業してほしい等。

　学級振り返りアンケートの情報を第三者委員会が確認することができれば，結論は変わったかもしれません。

確かに学級崩壊の深刻な状況が分かるアンケートですね。ちなみに，裁判においても，第三者委員会の報告書に基づいて加害者や学校の責任が認定されたりするのでしょうか。

第三者委員会の報告書が訴訟において証拠として提出されることはあります。しかし，必ずしも調査報告書において認定された事実がそのまま訴訟においても事実として認定される訳ではありません。

　そもそも，訴訟では，民事訴訟法に定められた手続に基づき，各当事

者が主張立証を尽くした上で，事実認定がされます。各当事者に十分に反論の機会があるからこそ，判決によって強制執行も認められることになります。しかし，第三者委員会は，同様の手続保障がされている訳ではありません。

そうすると，客観的な事実を確定させるという意味では，訴訟の方が有益な気がしますが，第三者委員会による調査のメリットはどこにあるのでしょうか？

現在，第三者委員会が多く設置されてから様々な問題が指摘されていますが，やはり，訴訟と比較すれば被害者救済という点ではとてもメリットがある制度です。特に，訴訟の場合は，訴訟にかかる費用は保護者の負担になりますが，第三者委員会の費用については学校の設置者の負担になる点は大きなメリットです。

　2点目として，訴訟の場合は法的な責任の有無しか判断されないので，法的責任とは関係がない事実についての判断はされませんが，第三者委員会の場合は，必ずしも法的な判断とは関係ない事実であっても，調査することができます。

　さらに，訴訟では，不適切であるが違法ではない，という判断がされれば，請求は認められない（請求棄却）になります。請求棄却は必ずしも訴えた側の主張が全て嘘と判断されたわけではなく，あくまで損害賠償請求等の法的な請求を行う上では不十分であることに過ぎません。しかし，実際には，特に敗訴した場合，訴えた側への誹謗中傷もあります。その意味では第三者委員会は，法的な判断は横におきつつ，学校の対応の妥当性を検討することができます。

なるほど，その意味では，第三者委員会も非常にメリットが大きいのですね。訴訟も第三者委員会も普段の学校生活ではあまりなじみがないのですが，確かに，学校現場は違法かどうか，というよりかは教育としての適切さの方を考えるので，第三者委員会の方が教育現場になじむのかもしれませんね。

 学校分野で第三者委員会が注目されるようになってきたのは，2011年に起きた大津市の中学生のいじめ自死事件がきっかけだと思います。その後，いじめ防止対策推進法が2013年に制定され，同法28条に基づき，「重大事態」に該当する場合には，学校の設置者又はその設置する学校の下に組織を設けて事実関係等を調査しなければならないことが定められてから，さらに第三者委員会が一般的になったと思います。

 最近「第三者委員会」という言葉をよく聞くのですが，いじめ防止対策推進法の重大事態に該当すると必ず第三者委員会を設置しなければならないのでしょうか。

 「重大事態になったら第三者委員会を立ち上げなければならない」というのはよくある勘違いです。「第三者委員会」全ての委員が当該学校の設置者と利害関係がない第三者である委員会）は，あくまでも，28条1項に基づき設置しなければならない組織の一態様です。実際，「不登校重大事態に係る調査の指針」4頁では，不登校重大事態の場合は，学校が調査にあたることが原則とされています。だからと言って学校が一方的に調査方法を決めて良いわけではありません。

今回の場合は，被害児童側にとって不利な調査になっているようです。他方で，最近はとにかく学校が批判される，という流れがある気がします。もちろん真摯に内容を受け入れなければならないと思いますが，明らかに不当な内容となってしまった場合に何か反論はできないのでしょうか。

実際の中身についてまでは見ていないので分かりませんが，学校が第三者委員会の報告書を受け入れないと判断している事例も報道されています。28条1項に基づいて設置された組織の判断について，必ずしも法的な位置付けは明確ではありません。

　他方でそのようなあいまいさは，実は調査を担当する委員にとっても困ることになります。どちらかの当事者が不満を持ったら，調査判断が覆ってしまうのであれば，頑張って調査をしても徒労に終わってしまうからです。その意味では，第三者委員会の判断の効果は法律上明確にすることが必要なように思います。

POINT-⑥- 訴訟における対応とその判断

O弁護士

本件は，第三者委員会の判断は保護者にも通知されず，結局173頁の結論だけが開示されました。そのため，児童Xの両親は，桐生市を相手方として訴えを提起しました。

訴訟の中で桐生市から提出された資料は以下の通りです。

- ●学校生活アンケートの集計結果
- ●児童に対する面談と聞き取りの結果
- ●教諭等からの聞き取り
- ●カウンセラー1とカウンセラー2がつけていたノートをまとめたもの
- ●被告桐生市教育委員会作成の児童Xに関する資料
- ●教育相談部会の資料
- ●生活指導の報告等
- ●学級の見立て
- ●「平成22年度6年○組関係指導事項等まとめ」と題する書面
- ●学級振り返りアンケートの集計結果
- ●A小学校が第三者調査委員会に対して提供した資料の一部

そして，裁判所は「本件訴訟を提起したことにより，A小学校の調査結果の一部及び被告桐生市が第三者調査委員会に対して交付した資料を入手することができた」と判断しています。

しかし，児童Xの自死の約1か月前に行われた本件クラスの状況等を示すアンケートの集計結果であり，児童Xの心情を推し量る重要な資料であることが明らかであるにもかかわらず，その重要性が分かりにくい状態のまま訴訟を進行させ（校長報告書のみならず，担任3作成の陳述書にも，上記振り返りアンケートに関する記載は一切ない），裁判所が提

出を求めるまで提出せず，かつ，アンケート回答書そのものを提出しなかったりしたことから，以下の通り調査報告義務違反を認めました。

以上のとおり，本件自死についてのA小学校独自の調査も，第三者調査委員会の調査も不十分であるといわざるをえず，そのため，本訴提起により原告両名に対して証拠として提供された資料も不十分なものであるため，調査報告義務違反による損害賠償債務が免ぜられることはない。

なるほど。正直，訴訟の段階で証拠を提出すべきかどうかは全く予測ができないのですが，普段の保護者とのやり取りの中で，どのような資料を提供して良いのか，または悪いのかは，基準が分かりません。

必要な情報を提供しなければ「隠蔽」と言われてしまいますが，他方で個人情報等の配慮も必要であり，下手に個人情報を提供すれば逆に個人情報保護条例等の違反などを言われてしまいます。かなり難しい判断です。

まさにそのあたりは非常に難しい点ですね。法律的に言えば，公立の場合は，個人情報保護条例及び情報公開条例（私立学校の場合は個人情報保護法）に基づき判断することになります。実際には，その様な判断を各自治体の情報公開を担当している部署がすることになりますので，確かに現場の教員が判断するのはなかなか難しいかもしれません。

第三者委員会の内部の判断過程については，その性質上なかなか開示することは難しいと思います。しかし，内容を見て判断しないと確定的

なことは言えませんが，情報公開条例に基づいて校長報告書の全てを黒塗りする必要があったのかは議論の余地があるように思います。

ちなみに，今回，訴訟でも十分に情報提供がされなかったということで，「調査報告義務違反による損害賠償債務が免ぜられることはない」と判断されていますが，そもそも，私たちが教員が訴訟の前に提供すべき資料と，弁護士が訴訟になった段階で証拠として提出すべき資料は同じなのでしょうか。

大変鋭い指摘ですね。今回の判決では，自死直後の調査，第三者委員会，訴訟のいずれの段階でも情報提供が不十分だったとのみ判断されていますが，各段階で提供すべき情報のレベルについては，今回の判決の中でも，はっきりと記載していないですね。実際，第三者委員会に至るまで十分に情報提供をしなかったにもかかわらず，訴訟の段階になって初めて十分な情報を提供したときに，調査報告義務違反が解消されることになるのか，という点は明確でないと思います。

　弁護士が守らなければならない弁護士職務基本規程というルールがあるのですが，そこでは，「弁護士は，良心に従い，依頼者の権利及び正当な利益を実現するように努める」とあります。また同じ規程の中には「弁護士は，真実を尊重し，信義に従い，誠実かつ公正に職務を行うものとする」という定めがあります。実現するのは「正当な利益」であり，弁護士は「真実を尊重する」義務があるため，仮に依頼者に不利であっても一切当該資料を提出しなくて良いという訳ではありません。訴訟の段階で，依頼者にとって不利な資料である場合には，当該訴訟を代理している弁護士としては，提出するかどうかの判断はかなり難しい気がしま

す。あまりに片方の当事者に証拠等が偏在している場合に当該片方の当事者が証拠を出すべきと判断した判例もあります（最高裁平成4年10月29日判決・民集46巻7号1174頁）。

　ただし，現場の先生方は，調査報告義務にこだわらず，可能な限り情報提供をするという姿勢で対応いただくことが重要ではないかと思います。

P教員　今回は，特に自死をした後の情報提供に問題があるという判断でしたが，実際には，自死後はどのような情報を提供すべきだったのでしょうか。

S弁護士　そうですね，よく「自死等が起きるとまずは調査しなければならない」と言われています。実際，現在はいじめ防止対策推進法が制定されておりますので，本件は，現在起きれば間違いなく28条1項に基づく重大事態として扱わなければなりません。

Q教員　その点は理解できます。ただし，自死に限らず，「重大事態」に該当する場合であっても，保護者が「大事にしたくない」ということで，大々的に調査することを望まない場合もあります。また，もちろん，生徒の自死についての事実調査の重要性は大変理解できますが，他方で，入試を受ける学年であれば，入試への影響も全く配慮しないわけにはいきません。そのような場合，どのように対応するのが良いのでしょうか。

O弁護士　まずは，自死の遺族に寄り添い，ご意見を伺うことは非常に重要ですね。その上で，もし生徒等への調査をすることを望

まない場合には，例えば，生徒への調査を行わずに今までの資料等を確認したり，教員等にのみ調査することも考えられます。重要なことは，法律で決められているからやる，というスタンスではなく，あくまでも同じことが二度と起きないように学校・教育委員会として可能な限り調査をすることです。

　特に，本件の場合は，自死直前に様々な出来事があった以上，学校内での原因が何かなかったか適切に調査するところからだと思います。

なるほど，調査する，と言っても子どもたちから聞く以外にもいろいろ方法はあるということですね。

そうですね。いじめが関係する疑いがない自死が起きた場合の対応については，文部科学省が「子どもの自殺が起きたときの背景調査の指針」というガイドラインを発表しているので，そちらをまずはご参考にしていただければと思います。

POINT 7 いじめ防止対策推進法との関係

Q教員　何度か既に出てきましたが，本件においては，いじめが行われた時点では，いじめ防止対策推進法が施行されていなかったとのことですよね。

S弁護士　そうですね。学校現場では，いじめ防止対策推進法が制定されてから何か変わりましたか。

Q教員　学校現場では，いじめ防止対策推進法ができてから，今までであれば事故やけんか等で済んでいたことも含めてほとんどが「いじめ」に当たってしまうため，本当に大変です。ちなみに，もし，同法の施行後に同じ事件が起きた場合には，何か裁判所の判断は変わるのでしょうか。

O弁護士　そのあたりについては，実は，裁判所の判決の蓄積は多くありません。安全配慮義務と関係するのはいじめ防止対策推進法23条2項（いじめの調査に関する規定），また，調査報告義務と関係するのは同法28条1項ですね。

P教員　今回の事例について言えば，どのようなことになるのでしょうか。

O弁護士　先ほど少しお話ししましたが，校外学習での悪口を言われた日からかなり短い時間で児童Xが自死していることから，この時点で28条1項に基づく「重大事態」に該当することになります。

そのため，その後の対応については，「いじめの重大事態の調査に関するガイドライン」に基づいて対応することになります。

　現在は，いじめ防止対策推進法28条2項で「当該調査に係るいじめを受けた児童等及びその保護者に対し，当該調査に係る重大事態の事実関係等その他の必要な情報を適切に提供するものとする」とされていますので，調査報告書について結論だけ提示，というのは認められないと思います。

現在，いじめ防止対策推進法28条に違反した場合には，やはり，学校は損害賠償責任を負うのでしょうか。

その点は難しいですね。現時点で裁判所の判断が確定しているわけではありませんが，いじめ防止対策推進法上の義務に違反したことそのものを，損害賠償責任を負う理由としている裁判例はありません。これは，いじめ防止対策推進法は早期発見・早期対応を目的としたものだから，とか，「公法上の義務を規定したものと理解すべき」などの理由でそのように判断されているようです。

もちろん，常に法律は守らないといけないと思っていますが，違反しても何もペナルティはないのでしょうか。

いじめ防止対策推進法に違反した場合は，「法令違反」となり，その程度によって公立学校の教員の場合は地方公務員法に基づいて懲戒処分を受けます。実際，いじめの事実の隠ぺいを指示したとして，重い懲戒処分がされた例もあります（最高裁判所令和2年7月6日判決・裁判所ウェブサイト）。

P教員　うちの学校にも不登校の子がいるのですが，あまりいじめは関係ない可能性が非常に高い事案でも，保護者からいじめが原因であるとの訴えがあったので，「重大事態」として扱うように言われました。やはり，そのような場合でも「重大事態」として認定しなければならないのでしょうか。

O弁護士　今の定義からすれば，年間30日以上の欠席があり，保護者からそれがいじめによる可能性がある，との訴えがあれば，このような訴えを受けた学校としては「重大事態」に当たるものとして対応せざるを得ません。したがって，「調査」になじむのか分からない事案であっても，28条1項に基づき調査をしなければならないのが現実です。しかし，法律上の義務であることは変わらないので，調査もしつつ，対応策を並行して考えていくようにするしかないと思います。

P教員　調査と環境調整を同時に行うのはなかなか難しいですね。法律も常に意識しておくようにしたいと思います。

本件で扱っている裁判例では, 自死と学校の義務違反との因果関係は否定され, 自死については学校に責任はないと判断されました。

しかし, 実は, 本件は別の裁判もありました。学校の中で児童生徒がけがをした場合に, 当該児童生徒のけがに対して補償金が支払われる「スポーツ振興センター」の制度は教員の皆さんはご存知かと思います。今回の件では, 裁判後も, スポーツ振興センターは「学校の管理下」において起きたものではないとして, 災害共済給付を支給しないこととしました。そこで, 遺族の方が, スポーツ振興センターに対して, 災害共済給付を求める訴えを提起しました(宇都宮地判平成28年10月20日判決・ウェストロージャパン〔2016WLJPCA10206006〕)。

同じ事件であっても, 複数の裁判があり得るのが少し意外な感じがします。

そうですね。同じ事実であっても, 誰に対する請求かによって事件も異なります。本書で扱っている事例は, 遺族から学校・教育委員会が相手とする損害賠償請求でしたが, 本件はスポーツ振興センターが相手なので, それぞれ異なる事件 (裁判所では別々に判断される) になります。

スポーツ振興センターへの請求についてはどのような判断がなされたのでしょうか。

○弁護士　まず，スポーツ振興センターへの請求が認められるためには，本件の児童Ｘの自死が「学校の管理下において発生した事件に起因する死亡」（独立行政法人日本スポーツ振興センター法施行令24条3号）に該当しなければなりません。

　そこで，裁判所は，スポーツ振興センターが運営する災害共済給付制度について，「その基本的性質としては，学校の管理下における災害は，実際は不可抗力的，偶発的なものが多いが，これは，多数の児童を収容して教育を行う学校教育の特殊性に起因するものといえるのであり，不慮の災害であって，学校の設置者側として損害賠償の責に任ずるものでないようなものであっても，学校が多数の児童を預かり安全に教育を施していくべき学校の設置者としては重大な関係と関心を有するものであり，このような教育的配慮の下，定められたものである」ことを前提として，「因果関係の判断基準としては，児童の『死亡』が，『学校の管理下において発生した事件』に内在する危険性が現実化したものと認められる場合か否かによるものと解するのが相当」と判断しました。

　そして，児童Ｘが受けていたいじめの程度は，「Ｘ自身を否定し，その自尊心を深く傷つけるようなもので，客観的にみて残酷で，深刻なもの」であること，また，児童Ｘの心情について，以下のように判断しました。

児童Ｘが自殺する前の経緯をみると，児童Ｘは，6年生の1学期から悪口を言われ，自身の自尊心を傷つけられ続ける中で，給食時の仲間外れにより，屈辱や孤独感，積極的に児童Ｘを仲間外れにしようとしている児童以外の児童や，本件クラスの児童らから攻撃を受けて疲弊していた担任3などを含めてだれも助けてくれないという絶望感から，2日間欠席したと考えられる。そして，一人ぼっちにならない期待を抱いて参加した校外学習においてすら，理不尽な言葉にさらされ，これまでの思い

がついに爆発し，出発前，教員らに大声で泣きながら自分の置かれた状況を訴えたにもかかわらず，校長を含めた教員らは，児童Xの気持ちに配慮することなく校外学習に参加させ，児童Xを，校外学習中も悪口を言われながら仲間外れにされる状態に置き，帰校後も児童Xに配慮するなどの姿勢を見せないまま児童Xを帰宅させたのであるところ（なお，帰校後担任3が担任1及び他の児童らに指導した姿については，児童Xは見ていない可能性が高く，児童Xにとっては，何ら意味がない。），児童Xとしては，児童Xがなにをしても，児童Xがいじめられる状況は変わらず，教員らに泣きながら訴えてさえ，教員らが児童Xの状況を打開してくれることもないということに，これまで感じていた絶望感をますますつのらせ，そのような中で，生きていく意味を見失う状況に陥ったことが考えられる。

その上で，裁判所は，「本件クラスの児童らによるいじめに内在する危険性が現実化したものと認めるのが相当であり，同いじめと児童Xの自殺との間には，相当因果関係があるというべき」と判断しました。

P教員

なるほど，同じ事例なのに判断が異なるのですね。これは，裁判所が違うと判断も異なってくるということでしょうか？

O弁護士

まさにその点は，この裁判例について理解する上で非常に重要なポイントです。もちろん，裁判所により判断が異なる場合があることは否定できません。しかし，本件は，請求の根拠となる法律が異なることの影響が大きいと考えられます。

そもそも，本件で扱っているのは，因果関係が認められた場合には，学校（桐生市）が責任を負うことになるのに対し，スポーツ振興センター

については，学校の責任の有無に関係なく，「学校の管理下において発生した事件」であれば給付が認められることになります。

　なので，この点から言えることは，裁判例において違法性・適法性の判断は，あくまでも，当該請求の根拠となっている法律に則って判断しているにすぎないものです。したがって，教員の皆さんには，「違法でなかったからこれで良い」などと考えずに，どのような事実関係があったのか，ということを中心に考えていただければと思います。

なるほど。よくニュースでも，裁判の話を聞きますが，あくまでもその内容を確認することが重要ということですね。

そうですね。まさに，不適法ではないとしても教育的に見て不適切なことはいくらでもあることは110頁において説明した通りです。

ちなみに，最近は第三者委員会等が立ち上がって，学校においていじめがあったかどうかを調査する場合があると思います。その場合には，スポーツ振興センターについては，申請することは可能なのでしょうか。

まさにその点は現在問題となっています。というのも，運用として，第三者委員会の結果が出てからでないと判断しないようです。

　ただし，その場合，問題となるのは災害共済給付の時効です。災害共済給付は，給付事由が発生してから2年間となっています。第三者委員会の立上げにより，調査の実施が長期化すれば，2年が経過してしまう

ことも十分考えられることから，よく実際の案件で問題となっています。

実際その場合はどうするのでしょうか。

まだ現時点で決まった対応があるわけではないのですが，時効を主張しないとスポーツ振興センターに約束してもらったり，一旦申請だけ提出する等の対応が行われているようですが，根本的には，法律の改正が必要だと思います。

なるほど。第三者委員会を立ち上げなければならない場面に遭遇したことはあまりありませんが，今後そのような問題があるということは頭に入れておきたいと思います。

POINT-⑨- 私立学校の場合との比較
（さいたま地裁の裁判例との比較）

P教員

ちなみに，今回の事件は，公立学校における事件でしたが，私立学校で同様のことが起きた場合には，本件とは違う判断になるのでしょうか。

S弁護士

そうですね。一つ形式的なことを言えば，公立学校が不適切な対応をした場合，国家賠償法という法律に基づいて損害賠償請求をするのに対し，私立学校の場合は，不法行為（民法709条），使用者責任（民法715条）又は債務不履行（民法415条）に基づいて請求されることになります。

　また，先生方にとって一番大きな違いは，公立学校の教員の場合は，個人が不法行為責任を負うことはないのに対して，私立の場合は教員も個人責任を負う可能性があるということです。

　ちなみに，少し話は変わりますが，現在教員向けの賠償責任保険が販売されています。私がこの点でいつも不思議に思うのが，法律的には公立の教員の方は保護者に対して直接責任を負うわけではないにもかかわらず，結構保険に加入されている方が多いと聞きます。実際のところ，保険に加入されている先生は多いのでしょうか。

P教員

私の周りには結構いますね。おっしゃる通り法律的には請求が認められないとしても，訴えられるリスクはありますし，その場合は弁護士費用等も支払わなければならないとすると，やはり保険には入っておいた方が安心かなと思っています。また，直接は責任を負わないとしても，教員に落ち度があれば個人が責任を負うこともあると聞いていますし…。

O弁護士

確かに，法律的に認められないとしても，和解等を目指して教員個人を相手に訴えを提起することも考えられますからね。

【参考事例】として示した，私立学校の生徒が自死してしまい，学校の調査報告義務が裁判で争われた事案（さいたま地方裁判所平成20年7月18日判決・Westlaw〔2008WLJPCA07189005〕）では，「学校は，在学契約に基づく付随的義務として，信義則上，親権者等に対し，生徒の自殺が学校生活に起因するのかどうかを解明可能な程度に適時に事実関係の調査をし，それを報告する義務を負うというべきである。」と判断しています。

ただし，この判決では，以下のように述べて，学校が行う調査に関する限界についても明確に述べています。

▼

これらの調査報告は学校が優先的に行うべき事柄であるとしても，学校は，捜査機関ではなく教育機関であり，人的物的体制にかんがみてもその調査報告には自ずから限界があること，学校が抱える生徒は当該自殺した生徒1人だけではなく，ほかの生徒の心情やプライバシーを配慮する必要性もあること，調査を尽くしても必ずしも真実を得られるとは限らないことなどからすると，調査により得られた結果のみをとらえて，調査報告義務違反ということはできないのは当然であるし，保護者の希望に沿うような進展を見せなかったという一事をもって，調査報告義務違反ということもできない。

P教員

この件は，どのような理由で，調査義務に違反したと判断されたのでしょうか？

○弁護士　この件は，以下のように判断されています。

そこで，上記認定事実を前提に調査報告義務違反の有無について検討するに，被告らは，Xと生徒Bとの間にトラブルがあったことを認識しており，生徒BはXが窃盗事件の犯人として告発した人物であること，Xが生徒Bの退学の可能性を口にしていたことなどからすれば，XがBに対して，極めて消極的な感情をもっていたのではないかと推測することは容易であったと思われる。そして，被告らは，7月4日に警察署において，原告Zから，Xが自殺前日，サッカーの授業中にサッカー部員にボールを頭にぶつけられたと話していたことを聞いていたのであるから，Xが他生徒との間に何らかのトラブルを抱えたままでいた可能性に思いを巡らすことはできたはずである。その結果，Xに対するいじめが存在していたとすれば，それを苦にしてXから自殺したとも考えられるのであるから，そのような調査をせずに，Xの自殺の動機が学校生活とは無関係であるとして格別の調査をしなかった学校の判断は，拙速に過ぎるといわざるを得ない。

イ　そうすると，少なくとも被告学校法人は，Xの自殺に関して，ほかの生徒に情報提供を呼びかけ，Xの日ごろの生活の様子等，Xの自殺に結びつく可能性のある事情を調査し，探求する努力をする義務があったというべきである。

　少し長い判示ですが，学校として，❶Xと生徒Bとの間にトラブルがあったことを認識しており，生徒BはXが窃盗事件の犯人として告発した人物であること，❷Xが生徒Bの退学の可能性を口にしていたこと，さらに，❸7月4日に警察署において，原告Zから，Xが自死前日，サッ

カーの授業中にサッカー部員にボールを頭にぶつけられたと話していたことの3点を認識していたことが，調査義務の根拠となっています。

なるほど。Xが他の生徒とトラブルを抱えていた以上，その内容について，調査すべきだったということですね。ただ，最近は，何かあればすぐに「調査すべき」との流れになっている気がしますが，やはり，例えば試験の直前だったり，生徒たちが別の精神的な負担を抱えていたりする場合など，「調査」をやって良いのか迷う場面も少なくありません。そのような場合のことも考慮せずに，なんでもかんでもまずは調査をすべき，との考えにはなかなか賛成できません。

まさにその点についても今回の裁判でも学校側から主張されており，裁判所は以下のように判断しました。

中学生という多感な年代の若者であることからすると，確たる証拠もないままむやみに特定の生徒からのみ事情聴取をしたり，自殺の責任を問うような形での調査を方法は避けるべきであり，事情聴取の内容や時期を含め，生徒の心情，精神面に配慮した慎重な調査が行われるべきことは一面もっともなことであるとしても，これらの事情をもって生徒に対する調査を一切行わないことまでを正当化することはできない。

　他の児童生徒への影響は当然考慮しなければなりませんが，「調査を一切行わない」という理由にはならない，ということですね。参考事例のケースでは，判決によると，一切生徒から話を聞かなかったようです。
　では，私たちも，具体的にどのような調査方法であれば良いのかは，

改めて議論を深めていかなければならないですね。

具体的な調査方法というのは何か考えられる方法はあるのでしょうか。

そうですね，なかなか難しい問題ですが，例えば，「子供の自殺が起きたときの背景調査の指針（改訂版）」にあるように，心のケアの専門家等の援助を受けたり，また，実際に聴き取りを行う際には「聴取・記録・心のケアへの配慮という各観点が必要であり，できるだけ複数の対応者で臨むこと」（18頁）等が考えられるかと思います。

そのあたりの調査の方法は，やはりその都度専門家の方々と相談しながら進めていく必要がありそうですね。

POINT -⑩- 再発防止策の実践方法について

O弁護士 事後の調査にあたって，極めて重要なことは，再発防止策の策定です。再発防止策と言っても，どのように考えれば良いのかよく分からない方も多いと思います。そこで一つ参考になるのは，取手市いじめ問題専門委員会が発表した，平成27年に起きた中学生の自死事案に関する再発防止策についてです。その「検討の経緯」の考え方は参考になるかと思います。

そこでは，❶実際の対応，❷あるべき対応，❸なぜ❷ができなかったのか，❹再発防止策，という過程で再発防止策を検討しています。このような考え方自体は，他の事案でも汎用的に使えるものだと思います。ちなみに，参考事例においては，Xの自死の後，以下のような再発防止策を行っているようです。

K中学校では，Xの自殺後，7月18日以降の夏期講習の出欠確認について，講習中の出欠確認を確実にし，事前連絡のない生徒には家庭への連絡を徹底することになった。具体的には，学年毎にホワイトボードに欠席者を事前連絡のある生徒とない生徒に分けて記載し，後者については午前10時30分までに連絡がない場合には，家庭に連絡を入れ，午後以降も連絡を取り続けるという取扱いに変えた。このような欠席確認体制は現在でも行われている。

【参考事例】において，このほかにどのような対応が考えられるでしょうか。

P教員 児童生徒の自死が起きたら必ず調査をするということでしょうか。

そうですね。やはり，どのような調査方法をすべきなのか，具体的に方法を考えておくことだと思います。特に，自死が起きた場合，学校の先生方は，現在在学している生徒のことを考えて，早くいつもの状態に戻そう，という方向に活動しがちです。他方で，自死にしっかり向き合い，課題を解決するためには，一度，しっかりと過去にあった事実を調査し，向き合う必要があります。前者の姿勢だけだと，なかなか，その事件の教訓を活かすということは難しくなってしまいますし，遺族の方々が「自分の子どもの死がないことにされている」という感覚をもってしまう原因になります。自死が起きた場合には，特にこのような視点の違いは意識する必要があるかと思います。

なるほど。確かにその二つの軸の考え方はいつも持っていました。ただ，今回は，もしかしたら，在校生への影響を最小限にした上で調査する方法が分からず，調査しない，という判断に至った可能性があると思います。そうだとすると，学校として，具体的な調査方法について考えておくことは，一つの再発防止策になるのではないでしょうか。

その通りですね。おそらく，同じようなことは，自死の背景調査のための指針にも書かれていますが，それを読んでもらうだけではなかなかイメージがしにくいかと思います。そうだとすると，本件の事例を読み教員の方同士で検討することも，具体的な調査方法を考える上で，有益な方法ではないでしょうか。

　ちなみに，自死前の対応については，何か再発防止策として思い浮かぶことはありますか。

そうですね。事情があまり分からないので何とも言えないのですが，児童XがBとの間の関係があまりうまくいっていなかったのは事実のようです。そうだとすると，教員間でその情報を共有して，特に注意するようにしておくことは必要だったかもしれません。

そうですね。実際，訴訟の争点でも，通常は桐生市のように，自死前にいじめを止めなかった，ということで安全配慮義務が主張されることが多いですが，参考事例については，特に事後対応が争点になっている珍しい事案だと思います。

　さて，今度は，桐生市の事案について検討してみたいと思います。桐生市の事案については，どのような再発防止策を考えますか？もし，あまりイメージがわかない場合，まずは，どの時点で誰が何をすれば，自死を防げた可能性があるのかを考えると良いと思います。

事後調査については，やはり，教員の立場としては，調査は行った，という認識だったのだと思います。元々行う予定のアンケートがあったのであれば，そのアンケートによっても事情を拾うことができると考えたのではないでしょうか。

　その意味では，詳細の調査を行う場合には，普段の調査とは別に，当該事案についてのアンケートをする必要がある，ということは言えるかと思います。

そうですね。あとは，その後の事実調査についても，聴取事項を各教員に任せてしまっていたため，必要な事項を聴けていないという判断もありましたね。その意味では，教員が複

数名で並行して聴き取りをする場合には，事前にどのようなことを聞くのか，認識をそろえることが重要かと思います。

　ちなみに，事前の対応についてはどうでしょうか？

そうですね，やはり，本件の場合は，5年生からの引継ぎと，6年生に進学したときが肝だったように思います。もちろん，8月や9月における対応が不十分だったこともあるかと思いますが，本件で最も重要なのはそこではないと思います。

　そもそも，児童Xは，外国にルーツを持つ児童であり，いじめのリスクが高いという特徴を持っていました。進学後最初の1週間は「黄金の一週間」とか言われたりもします。そのような「違い」を認め合えるクラスになるかどうかは，最初の段階で，担任がしっかりとメッセージを明確にし，クラス全体に周知することが重要です。今回のクラスでは，ここでの対応に失敗してしまったように感じます。

なるほど。判決の中では，6月以降の対応について安全配慮義務違反を認めていますが，その時点ではもうすでに遅いということですね。

そうなんです。本件では，5年生の頃からいじめがあったわけですし，特に最初の学級運営が重要だと思います。ただ，担任の先生がベテランの先生だったため，その点も任せてしまっていたのかもしれませんね。

あとは，再発防止策の実行にあたっては，やはり，教育委員会や管理職がリードして，しっかり実施まで考えることが重

要かと思います。

そうですね，なかなか現場の教員だけで意識することは難しい気がします。他職種とも連携しながら，1つのチームとして再発防止策の徹底を図っていくようにしたいと思います。

教員の皆さんは，本当に忙しい中，大変だと思います。また，失われてしまった命は取り戻せません。だからこそ，実際に起きてしまった事件から教訓を学ぶことで，亡くなった児童生徒のことを悼み，その児童生徒のことを忘れずに，徹底的に実際の教育現場に活かしてほしいと思います。

事例に対するまとめ

　この章では，公立小学校において調査報告義務違反が認められた第2章の事例の後の学校の対応を紹介するとともに，私立中学で調査報告義務違反が認められた事例を参考事例として紹介しました。

　実際に重大な事件が起きた後の対応について，いじめの重大事態については，「重大事態ガイドライン」，いじめ以外の自死事案については，「子供の自殺が起きたときの背景調査の指針」，「学校事故対応に関する指針」等，様々なガイドラインがあります。しかし，実際に，そのような調査を経験したことのある教員はかなり少ないと思われます。そこで，この事案では，児童生徒の自死という重大な事故があった場合の具体的な対応及びそれらに関連する論点について検討しました。

　本件において，特に参考になるのは，自死が起きた直後の調査の方法や，第三者委員会のあり方についてです。特に，参考事例では，一切生徒へのヒアリングはしていませんが，事例の方では，一応，アンケートや面談も行っており，第三者委員会まで立ち上げています。それにもかかわらず，何故，判決では，調査が不十分とされたのか，事例を通じて学んでいただければと思います。

　本件の事例を通じて，特に，以下の点を学んでいただければと思います。

【弁護士】

O弁護士

・調査を行う場合であっても，在学生への配慮により，調査の実施に配慮が必要な場合があること
・保護者とのやりとりについて記録をすることは，保護者との間で認識の違いが生じないようにするためであること
・教員の場合，問題のある行為を一つずつ指導していくことが多く，

また，普段生徒と接していることもあるため，経緯に焦点を当てにくいこと
・ いじめ防止対策推進法の重大事態に該当しても，保護者が調査を望まない場合があるということ

【教　員】

P教員

・教員は，抽象的な調査報告義務を負っており，児童生徒の自死が学校生活上の問題に起因する疑いがある場合に，具体的な義務が発生すること

・ 事故について対外的に説明する場合には，❶分かっている事実は説明する，❷分かっていないことは，推測で回答せず，分かっていないと伝える，ということが重要であること

・ いじめ関係の調査を行うかどうかについては，いじめの背景に何があったのか，という点を解明することに役立つかという点が重要であること

・ 請求する法律の根拠が異なれば，因果関係等の判断についても異なる判断となり得ること

・ 公立学校の教員は個人で対外的に損害賠償責任を負わないのに対し，私立学校の教員は個人で損害賠償責任を負う可能性があること

さらに理解を深めるために

　本件では，第三者委員会や情報開示等について問題となりました。第三者委員会や災害共済給付について特に学びたい場合には，以下の文献が参考になります。

▶『季刊教育法』197号「いじめ重大事態の『第三者調査委員会』──その現状と今後のあり方」
▶石坂浩・鬼澤秀昌編著『実践事例からみるスクールロイヤーの実務』（日本法令，2019）
▶独立行政法人日本スポーツ振興センター WEBサイト「学校安全Web」
　https://www.jpnsport.go.jp/anzen/saigai/tabid/56/Default.aspx

おわりに

　本書では，全3章を通して奄美市における事案と桐生市における事案を扱わせていただきました。いずれもいじめが関係する事案ですが，冒頭の「本書の特徴」でも触れているとおり，できる限り詳細な事実関係を掲載しております。本書を実際に読まれた方の多くは，おそらく事案を把握するだけで一苦労，という感想を抱かれているのではないでしょうか。これは，一見すると読者が離れてしまいそうなポイントではありますが，実は本書を執筆するにあたって意識した重要なコンセプトのうちの一つでもあります。

　ここ十数年程度で，学校現場でのいじめ問題が社会的にもよりクローズアップされるようになりました。いじめにより自死等の重大な結果が生じてしまった事案や，保護者が学校を訴える事案等に関するニュースを目にする機会も増えているかと思います。特に，平成25年にいじめ防止対策推進法が制定されてからは，一定の結果が生じてしまった重大事態について，「調査委員会による調査が行われました」などといった報道を目にしたことがある方もいるかと思います。他方で，こういったニュースを目にする機会は増えたものの，報道等で各事案の詳細について語られることは通常ありません。そうすると，報道されている事案について「自死や調査委員会なんて，よっぽどひどいケースなのでは」と感じてしまうこともあるかもしれません。

　しかし，本書で取り上げた事例からも分かるとおり，結果として自死や重大事態が発生するような事案でも，日々の現場で起きていることは必ずしも特殊なものではないことが多いです。先生が生徒のやったことを誤解

して指導をする，食事のときに仲間はずれが起きる，数十年の教員生活で何の問題もなかった先生に学級崩壊の問題が生じてしまう，クラスの中に他の生徒に対する悪口が過ぎる生徒がいるなど，深刻な事態に発展した事案であっても，そこに至るまでの事実経過を詳細に見ていくと必ずしも「特殊な」ケースではないということが分かります。こういった事案は，むしろ，教員であれば誰もが経験するような場面で，ほんの少しの対応の間違いが運悪く悪い方に連鎖してしまい，深刻な事態を招くことの方が多かったりします。本書を読むことによって，まず，日々の報道等で目にする事案が必ずしも「よっぽどひどい事案」ではなく，身近なものであるということを知っていただくことができれば幸いに思います。

　また，本書では「こういうときはこうすればいい」といったような，何らかの答えを示すというよりは，判断や対応が難しいポイントについてもあえて提示した上で，多様な考え方や対応方法があることを前提に，読者である教員や弁護士の皆様に「悩んでいただくこと」を目的としています。なので，本書を研修等での題材としてご使用いただいた場合には，おそらく，弁護士からも教員からも，本書で取り上げた事案について，それぞれの立場からかなり多様な意見が出たのではないでしょうか。

　本書が教育の現場で活動する方々の少しでも役に立つような1冊となれば幸いです。

弁護士　**篠原 一生**

●著者プロフィール

鬼澤 秀昌（おにざわ ひでまさ）

教育系 NPO でのフルタイム勤務を経て TMI 総合法律事務所に入所，2017 年 10 月に独立。現在，日本弁護士連合会子どもの権利委員会（幹事），第二東京弁護士会子どもの権利に関する委員会（幹事），学校事件・事故被害者全国弁護団などに所属。一般社団法人 全国子どもの貧困・教育支援団体協議会（監事），その他自治体のスクールロイヤー，学校法人の顧問等役職多数。2020 年 1 月より文部科学省スクールロイヤー配置アドバイザーも務める。

篠原 一生（しのはら いっせい）

2015 年 1 月に TMI 総合法律事務所に入所。2018 年 9 月から 2019 年 3 月まで慶應義塾大学総合政策学部講師（行政法・社会保障分野）を担当。2020 年 5 月には南カリフォルニア大学ロースクールを修了（LL.M., テクノロジー & 起業関係法 Certificate 取得）。日本社会保障法学会所属。M&A，コーポレートガバナンス，不祥事対応を専門とし，設立，第三者調査等を含む学校法人の法務案件等を担当している。森ビル主催の六本木ヒルズ KIDS' WORKSHOP では小学生向けの模擬裁判を担当した。

教員×弁護士 対話で解決
いじめから子どもを守る

2021 年 5 月 25 日　初刷発行

著　者■鬼澤　秀昌／篠原　一生
発行者■大塚　孝喜
発行所■株式会社 エイデル研究所
　　　　　〒 102-0073　東京都千代田区九段北 4-1-9
　　　　　TEL.03-3234-4641／FAX.03-3234-4644

装丁デザイン ■有限会社 ソースボックス
本文 DTP ■大倉　充博
印刷・製本 ■シナノ印刷株式会社